Monika Glettler

Böhmisches Wien

Herold Verlag Wien · München

CIP-Kurztitelaufnahme der Deutschen Bibliothek

Glettler, Monika:
Böhmisches Wien / Monika Glettler – Wien;
München: Herold Verlag, 1985
    ISBN 3-7008-0307-9

© 1985 by Herold Druck- und Verlagsgesellschaft m. b. H., Wien
Druck: Herold, Wien 8

ISBN 3-7008-0307-9

Inhalt

Vorwort

Als ich Anfang 1971 für „Die Wiener Tschechen um 1900" den Doktortitel erhielt, hätte ich nicht zu träumen gewagt, daß ich mich mit diesem Thema 15 Jahre später einem breiteren Leserpublikum vorstellen darf und – einmal ohne wissenschaftlichen Apparat! – einen möglichst breitgefächerten Überblick riskieren muß. Das Fazit dieses Versuchs lautet: „Laßt's mir meine Böhm' *ja nicht* in Ruh!" Sie sind ein immer noch nicht ausgeschöpftes Thema. Dieses aufzuzeigen, ist die Absicht des vorliegenden Bändchens, das schon deshalb Kritik erregen wird, weil es sich auf Streiflichter beschränkt, die willkürlich von mir, als einer Außenstehenden, ausgewählt wurden.

Als „Weana Böhm'" gelten bis heute noch im eigentlichen Sinn die Tschechen, nicht so sehr die mährischen oder ungarischen Slowaken oder die Deutschen aus den „Sudetenländern", die sich in Wien ebenfalls – vorübergehend oder ständig – niederließen. Insofern richtet sich das Hauptaugenmerk auf die Tschechen.

Ich will hier bewußt nicht die Frage aufwerfen, ob es sich bei ihnen um eine „Volksgruppe", um eine „Sprachminderheit", um einen „Volksstamm" oder um sonst einen völkerrechtlichen Terminus handelt oder gehandelt hat. Ich halte mich auch mit Interpretationen zurück, denn ich möchte den Leser zu einem eigenen Urteil anregen. Gestatten Sie mir nur zwei provokative Fragen zum Nachdenken:

Gab (oder gibt) es denn allen Ernstes ein Tschechenproblem in Wien? Waren (oder sind) die Zuwanderer nicht bemüht, sich anzupassen und zu integrieren, vor allem die Intellektuellen und die Akademiker? Anders ausgedrückt: Hatte Wien nur die Funktion als „Assimilationstrichter" und als subsidiäres Zentrum für Hunderttausende von tschechischen Bewohnern? Ich möchte *meine* These hierzu nicht vorwegnehmen und zur zweiten Frage überleiten:

Wäre Wien auch ohne die dort lebenden Tschechen eine Weltstadt des Geistes gewesen oder nicht? Gab es wirklich eine gegenseitige kulturelle Befruchtung, und wenn ja, wann? Der Mythos vom „Fin-de-siècle-Vienna", das Stereotyp von der toleranten Weltstadt, sollte – soviel sei angedeutet – in puncto Tschechen, im einzelnen und insgesamt, meiner Ansicht nach doch etwas modifiziert werden.

Für mich persönlich ist dieses Buch gewissermaßen ein „Neuanfang": Nach einem sehr schweren Verkehrsunfall vor fünf Jahren, während meiner New Yorker Gastprofessur, schien es mir ausgeschlossen, jemals wieder eine Bibliothek besuchen oder ein Buch schreiben zu können. Deshalb möchte ich mich bei denjenigen bedanken, die mir physisch und psychisch wieder auf die Beine geholfen haben: in erster Linie beim Direktor der Murnauer Unfallklinik, *Herrn Professor Dr. Jürgen Probst,* und beim Vorstand des Historischen Seminars, Abteilung Osteuropäische Geschichte, der Universität Freiburg, *Herrn Professor Dr. Gottfried Schramm.* Ich danke auch meinen Freunden, die mir über alle Schwierigkeiten hinweg die Treue gehalten haben.

München, im Mai 1985   Monika Glettler

Rudolf von Habsburg belehnt Ottokar II. Přemysl mit Böhmen
Szenenrelief vom Grillparzer-Denkmal im Volksgarten

1. Die geschichtliche Entwicklung bis 1900

Die ersten greifbaren Anfänge einer Anwesenheit von Böhmen, Mährern und Slowaken in Wien gehen ins Hochmittelalter zurück. Unter König Přemysl Ottokar II. (1253–1278), der immerhin 25 Jahre regierte, galt es als vornehm, böhmische Wörter in die Rede einfließen zu lassen. Dieser Sohn König Wenzels war nach wirren, kriegerischen Jahren vom Adel Österreichs ins Land gerufen worden. Ottokar vermählte sich mit Margarethe von Babenberg. Ritter und Bürger waren zufrieden unter seinem Regiment und opferten ihm den kaiserlichen Freibrief. Als der neugewählte Kaiser Rudolf von Habsburg ihm das babenbergische Erbe abverlangte und 1276 den Reichskrieg gegen ihn begann, standen die Österreicher auf „Ottokars des Goldenen" Seite. Bei Dürnkrut auf dem Marchfeld wurde er von dem Habsburger besiegt und auf der Flucht erschlagen.

Verschiedentlich tauchen in den historischen Quellen Kaufleute, Musiker und Stadtrichter auf, 1333 etwa ein Gerhardus Vrbetsch als Stadtrichter von Wien. Zu dieser Zeit bestand im Wiener Dorotheerkloster – auch anderswo in Österreich, z. B. in Gmunden und in Mondsee – eine tschechische Schreiber-Schule, in der tschechische Werke abgeschrieben wurden. Dies alles sind aber Einzelfälle.

Sieht man also von den Zeiten König Ottokars II. ab, über die wir noch zuwenig Wien-Bezügliches wissen, so kann man die erste größere Tscheneneinwanderung in die Jahre knapp nach der Ersten Türkenbelagerung Wiens ansetzen. Im Herbst 1509 übersiedelte Hans Čert, der sich seines tschechischen Namens voll bewußt war, von Brünn nach Wien und machte hier bald Karriere: Acht Jahre lang finden wir ihn in den Mitgliedslisten des Inneren Rates, 1518 bis 1520 war er Oberster Meister des Bürgerspitals vor dem Kärntner Tor. Seine Fähigkeiten lagen jedoch anderswo: Er war Baumeister und wohl erfahren in der Rechenkunst. 1522 wurde er zum Mitglied des Konvents des Nürnberger Reichstages zur Abwendung der Türkengefahr ernannt, zumal er sich besonders mit dem italienischen Befestigungswesen vertraut gemacht hatte. Albrecht Dürer und Willibald Pirckheimer zählten zu Čerts Freunden. 1528 ernannte ihn Ferdinand I. zum Brückenmeister

10

SOLI DEO GLORIA

Exlibris des Festungsbaumeisters Hans Čert
Holzschnitt von Albrecht Dürer
1521

und zum Baumeister in Niederösterreich, 1536 avancierte er zum Obersten Baumeister der niederösterreichischen Lande. Seine Bedeutung für Wien bestand darin, daß er der führende Festungsbaufachmann war, der in den Tagen der Ersten Türkenbelagerung dem Befehlshaber der Verteidigung Wiens, Graf Niklas Salm, zur Seite stand. Er gehörte einer militärischen Kommission an, die von der Regierung unter Hinzuziehung italienischer Baumeister eingesetzt wurde, um die Festung Wien widerstandsfähig zu machen. Čert und seine Kollegen Zdeněk von Sulovice und Kapliř hatten nicht nur eine wichtige Stimme bei der Planung, sondern ihnen oblag wohl auch deren Durchführung. Im Jahre 1531 reiste Čert nach Böhmen, um dort Arbeiter für die Befestigungsanlagen anzuwerben. Das Schicksal dieser – sicherlich in größerer Zahl hergeholten – Tschechen ist bisher unbekannt geblieben.

Als im Jahre 1548 der Pfälzer Wolfgang Schmeltzl an die älteste Stelle Wiens, das Lugeck, kam, sah er dort unter den Kaufleuten „al Nacion in ihr claidung", hörte „manch sprach und zung", natürlich auch „behaimisch", und meinte schließlich, er sei „gen Babl khumen, wo alle Sprach ein Anfang gnomen".

Das Jahr 1612 als das Todesjahr Rudolfs II. muß in bezug auf die Zuwanderung aus böhmischen Gebieten als Wendepunkt angesehen werden, weil im folgenden Jahr Archive und Ämter nun endgültig nach Wien übersiedelten und Prag an Bedeutung zu verlieren begann, bis Wien im Jahre 1620 für dauernd die Vorherrschaft übernahm. Zu diesem Zeitpunkt scheint auch tatsächlich eine ständige Einwanderung von Tschechen nach Wien begonnen zu haben, als nämlich Adel und höhere Beamtenschaft in die Reichshauptstadt zogen und dabei auch ihr Dienstpersonal mitbrachten. Dieses Zuwandern war jedoch nicht primär durch wirtschaftliche Gründe bedingt, es stand im Zusammenhang mit den feudalen Verhältnissen. Erst in der weiteren Folge wirkte sich die wirtschaftliche Vorrangstellung Wiens aus, die auf die tschechische Bevölkerung der mittleren und unteren sozialen Schichten eine immer größere Anziehungskraft auszuüben begann: Die Einwanderung erfaßte allmählich, besonders dann vom 18. Jahrhundert an, Handwerker, Kleingewerbetreibende, Kaufleute, Dienstboten und Lehrlinge in steigendem Maße.

Doch schon in Wolfgang Lazius' „Vienna Austriae" (1619) und in Matthäus Merians „Topographia provinciarum Austriacarum" (1677) steht geschrieben, daß die Tschechen bereits seit einigen Jahrhunderten in Wien als Händler und Kaufleute tätig waren, es werden sogar einige Wirtshäuser genannt, in denen sie sich einquartierten. 1698, als Peter der Große Wien besuchte, predigte der Jesuitenpater Wolf zu dessen Ehren in tschechischer Sprache.

Das Gartenpalais Schwarzenberg

In der zweiten Hälfte des 18. Jahrhunderts ist eine relativ starke tschechische Zuwanderung, besonders im heutigen III. (Landstraße) und IV. (Wieden) Wiener Gemeindebezirk, feststellbar. Es gab damals Gaststätten, in denen tschechisch gesprochen wurde. Laut einer Weisung „von höherer Stelle" aus dem Jahr 1778 waren in diesen damaligen Vororten Verlautbarungen auch in tschechischer Sprache zu verkünden. Joseph II., der von Johann Wenzel Pohl Tschechischunterricht erhielt, führte in die Wiener Neustädter Militärakademie aus praktischen Erwägungen Tschechisch als Unterrichtsfach ein. An der Wiener Universität wurde 1775 eine Lehrkanzel für Tschechisch geschaffen.

Nach dem Ausbruch der Französischen Revolution bildeten sich in Wien zwei Gruppen: „Erzpatrioten" und „Jakobiner". Unter den später verhafteten Jakobinern, die im Verdacht standen, mit den Franzosen Kontakt zu haben, befanden sich bei der polizeilichen Festnahme am 1. August 1794 auch einige Tschechen: ein Professor Bílek, ein Kanzlist namens Růžička, ein Lehrer Jelinek und ein Soldat, der Jílovský hieß.

Im Revolutionsjahr 1848 wurde eine Fülle von Flugschriften gedruckt, von denen sich auch einige auf die Tschechen in Wien bezogen. Die Verfasser traten ihnen mit Skepsis und Ablehnung gegenüber. Folgender Aufruf richtete sich an den Bürgerausschuß, an die Nationalgarde und an die Studenten: „Tschechische Studenten in Wien verletzen das Nationalgefühl der Wiener durch freche Beschimpfungen und sollen raschest ausgewiesen werden."

Die nächste Zuwanderungswelle der Tschechen nach Wien setzte etwa um die Mitte des 19. Jahrhunderts ein und kam erst mit dem Ausbruch des Ersten Weltkriegs zum Stillstand. Im Jahre 1851 zählte man in Wien 247.875 Einheimische und 165.267 Fremde, von denen ungefähr die Hälfte aus den böhmischen Kronländern stammte. Der ungewöhnlichen Zunahme der Einwohner Wiens – von 1860 bis 1880 wuchs Wien um 35,5 Prozent, zwischen 1880 und 1900 um 130,8 Prozent – entsprach die rasche Abnahme der dort Heimatberechtigten, die von 70 Prozent der Gesamtbevölkerung im Jahre 1830 auf 35,2 Prozent im Jahr 1880 gesunken war. Die damals einsetzenden umfangreichen Bauarbeiten an Straßen und Gebäuden und der wachsende wirtschaftliche Aufschwung der Residenzstadt führten zu einem Einströmen von Arbeitskräften aus dem böhmisch-mährischen Raum, das um die Jahrhundertwende seinen absoluten Gipfelpunkt erreichte: Mit rund 103.000 amtlich registrierten Einwohnern „böhmisch-mährisch-slowakischer Umgangssprache" – bei einer Gesamteinwohnerzahl Wiens von 1,675.000 – galt Wien zu dieser Zeit als die größte tschechische Stadt. Der Berliner Philosoph Eduard von Hartmann, ein Vor-

Tschechische Ziegelarbeiter in Favoriten
Um 1900

läufer Sigmund Freuds, prophezeite ein slawisches Wien im 20. Jahrhundert. Die Slowaken, die auf Grund der Umgangssprachenerhebung „böhmisch – mährisch – slowakisch" von den Tschechen nicht klar zu trennen sind, siedelten um die Jahrhundertwende hauptsächlich in einzelnen niederösterreichischen Dörfern, weniger in Wien, das bis zum 1. Januar 1922 verwaltungsmäßig zu Niederösterreich gehörte. Teils handelte es sich hier noch um die Hauptreste der ehemaligen theresianischen bzw. josephinischen Slowaken- und Kroatensiedlungen, teils waren die Slowaken seit der zweiten Hälfte des 19. Jahrhunderts als Saisonarbeiter ins östliche Niederösterreich eingewandert, überwiegend aus Mähren, weniger aus Oberungarn. In Wien ließ sich ihre Zahl „amtlich" oder „statistisch" nie exakt erfassen, ihre Zuwanderung in die Reichshauptstadt war jedoch im Vergleich zur tschechischen bedeutend schwächer. Dies geht z. B. aus den Vereinsberichten über deren Mitgliederzusammensetzung deutlich hervor, denn: Durch die Konzentration tschechischer Erwerbssuchender und durch das Vorhandensein von in Wien bereits ansässigen und sozial höherstehenden Volksangehörigen entstand von der Mitte des 19. Jahrhunderts an eine ungeheure Vielzahl tschechischer Vereine und Kulturinstitutionen. Einige dieser Organisationen bestehen noch heute und können somit auf eine über hundertjährige Tätigkeit zurückblicken.

2. Vereine

Der vereinsmäßige Zusammenschluß war eines der wesentlichsten integrativen Elemente im Wiener Tschechentum der Jahrhundertwende. Welche Rolle das Vereinswesen für die nationale Selbstkonstituierung spielte, formulierte der Wiener tschechische Historiker Josef Karásek im Jahre 1895 so: „Was sind für die niederösterreichischen Tschechen die Vereine? Die große Bedeutung dieser Einrichtungen erfasse ich am besten, wenn ich sage, daß die Vereine für uns fast das sind, was anderen Leuten und Völkern *Gemeinde und Staat*. Alles, was wir bisher in nationaler Hinsicht ausführen konnten, hatte seinen Ursprung in den Vereinen."
Die genaue Zahl von Hunderten und Aberhunderten von Vereinen vor 1914 konnte weder von den Behörden noch von den deutschen „Schutzvereinen", ja nicht einmal von den Wiener Tschechen selbst je ganz erfaßt werden. Die überwiegende Mehrzahl dieser Organisationen mußte im Ersten Weltkrieg, und dann noch einmal in den Jahren 1941/42, ihre Tätigkeit einstellen. Sie konnten nicht mehr reaktiviert werden. Doch zurück zu den Anfängen:
Die slowakischen Theologen bildeten in Wien den ersten tschechoslawischen Verein überhaupt, den „Českoslovanský spolek", bei dem der Nestor der tschechischen Historiographie, František Palacký, Pate gestanden hatte: Im Jahre 1823 verzeichnete er 70 Theologen, zwei Jahre später löste er sich schon wieder auf, weil seine Mitglieder Wien bereits verlassen hatten.
Eine kontinuierliche Entwicklung der Vereine begann erst in den sechziger Jahren des 19. Jahrhunderts, als Statistiker bereits 100.000 Böhmen und Mährer und 20.000 Slowaken schätzten. Im Vordergrund aller Pläne stand das Motiv, eine allgemein slawische – und überdies unpolitische – Zentrale zu schaffen. Erst später verlagerte sich der Nachdruck immer mehr auf die Betonung der tschechoslawischen bzw. tschechischen Nationalität. Es ist heute nicht mehr festzustellen, wer die Gründung eines slawischen Sammelpunktes in der Reichsmetropole erstmalig vorschlug. Anregung und Ausgangspunkt gaben wohl die in den vierziger und fünfziger Jahren veranstalteten prunkvollen slawischen Bälle, die vom Hochadel subventioniert wurden. Aus dem ersten Versuch einer großen Konzertbeseda (beseda = Gespräch, Plauderei, Zusammenkunft) unter Mitwirkung von Sängern aller slawischen Nationen erwuchs im Jahre 1856 der Vorschlag zur Gründung

des „*Slovanský zpěvácký spolek*" (Slawischer Gesangsverein), doch dieser wurde erst 1862 genehmigt. Sein Wahlspruch lautete „Zpěvem k srdci, srdcem k vlasti" („Mit Gesang zum Herzen, mit dem Herzen zur Heimat"). Im Jahre 1865 begann der noch heute bestehende Gesangsverein „*Lumír*" (benannt nach einem tschechischen Heldensänger) seine Tätigkeit unter dem Motto: „Bud'me zpěvem na Dunaji, jako Lumír v českém kraji" („Laßt uns an der Donau singen wie Lumír im böhmischen Land!"). Im selben Jahr konstituierte sich auch die „*Slovanská beseda*" (Slawische Beseda) als gesellschaftliches Kulturzentrum schlechthin. Um ihre Gründung hatte man sich bereits seit 1848 bemüht. Wegen ihrer prominenten Mitglieder scherzhaft „hofrátska" genannt, propagierte sie als Leitgedanken „Osvětou k svobodě" („Durch Kultur zur Freiheit"). Ihr erster Vorsitzender war Graf Eugen Czernin; zu den Gründern gehörten Vertreter der österreichischen Aristokratie, Mitglieder des Herrenhauses und Reichsrates, der Böhmischen Akademie der Wissenschaften und des hohen Klerus: die Grafen Heinrich Clam-Martinic, Otto und Jan Harrach, Zdenko Kolowrat-Krakowsky, Egbert Belcredi, Sigmund Berchtold, die Fürsten Heinrich Lobkowitz, Adolf Schwarzenberg von Krumau, der Architekt Josef Hlávka, durch dessen Stiftung 1890 in Prag die „Böhmische Akademie der Wissenschaften und Künste" gegründet wurde, Hofrat Anton Ritter von Beck, Josef Alexander Baron Helfert, der slowakische Bischof Štěpán Moyses aus Ungarn, der Kroate Bischof Josip Strossmayer aus Djakovo/Slawonien und der Schriftsteller Karel Klostermann. Zu den Gründungsmitgliedern zählten überdies auch der „Vater der böhmischen Geschichte", František Palacký, und dessen Schwiegersohn František Ladislav Rieger. Viele von ihnen, darunter der Primarius Dr. Josef Drozda oder der Universitätsprofessor für Chirurgie Eduard Albert waren zugleich Mitglieder im „Slawischen Gesangsverein". Das – im Hinblick auf später – wohl berühmteste Mitglied war der junge Tomáš Garrigue Masaryk, der sich unter dem Pseudonym „Vlastimil" (der Heimatliebende) verbarg und der eigentliche Gründer und erste Staatspräsident der Tschechoslowakei wurde.

1868 entstand der „*Akademický spolek*" (Akademischer Verein) als Zentrale der tschechischen akademischen Jugend in Wien. Sein Wahlspruch lautete: „Vědě a vlasti" (Für Wissenschaft und Vaterland). Zu seinen Mitgliedern gehörten wiederum František Palacký und Graf Jan Harrach sowie der Universitätsprofessor Alois Šembera, Josef Karásek, der Afrikaforscher Dr. Emil Holub, die Dichter Josef Svatopluk Machar und Svatopluk Čech; desgleichen der Kustos der Wiener Hofbibliothek Ferdinand Menčík und T. G. Masaryk. Ebenfalls im Jahre 1868 konstituierte sich der

Eugen Graf Czernin
Ein früher Förderer des tschechischen Vereinswesens in Wien

„Česko-slovanský dělnický spolek" (Tschecho-slawischer Arbeiterverein), von dem der Impuls zur Gründung des „Alphas und Omegas" der tschechischen Institutionen, des „Komenský-Vereins zur Errichtung und Erhaltung böhmischer Schulen in Wien" (1872), ausging. Johann Amos Comenius (1592–1670), der letzte Bischof der Böhmischen Brüdergemeinde, der als Begründer des Schulwesens der Neuzeit gilt, war hierdurch zur Symbolfigur des Wiener Tschechentums erwählt worden.

Für ein Gesamtbild des Vereinswesens nicht ausschlaggebend, aber den Slowaken zuliebe, sollen hier noch der 1870 gegründete slowakische Studentenverein *„Tatran"* und der 1892 entstandene Verein *„Národ"* (Nation) genannt werden. Der „Tatran" hatte in seiner Blütezeit etwa 200 Mitglieder (unter ihnen befand sich der spätere Arzt und Reichstagsabgeordnete Pavol Blaho). Auf Veranlassung der ungarischen Regierung wurde der Verein 1898 endgültig aufgelöst, das Vereinseigentum übernahm der „Národ".

Die Rahmenordnung, innerhalb derer alle politischen Gruppen und Organisationen der Kultur und Wirtschaft gemeinsam wirken sollten, war im Niederösterreichischen Nationalrat („Národní rada dolnorakouská"), seit 1906 unter dem Titel DONRČ, konzipiert. Einerseits bildete er das Gegenstück zu den etwa gleichzeitig geschaffenen „Deutschen Volksräten", zum anderen war er die Reaktion der Wiener Tschechen auf das wichtigste Dokument der deutschnationalen Politik der Vorkriegsgeneration, das sogenannte „Pfingstprogramm" vom Mai 1899, in dem die Forderung enthalten war, für Wien „gesetzlich festzustellen, daß die deutsche Sprache als die alleinige Unterrichtssprache für alle öffentlichen oder mit dem Öffentlichkeitsrecht ausgestatteten Schulen jeder Art zu gelten hat". Die Gründungsversammlung fand am 17. Juni 1900 statt. Für eine derartige Einrichtung gab es tschechischerseits noch kein Modell, denn der Prager Nationalrat (NRČ) wurde erst später gebildet, und zwar vornehmlich aus politischen Parteien. Dieser Modus eignete sich für Wien nicht: Beamtenschaft und Gewerbe waren kaum politisch organisiert, und die bürgerlichen Vereine betonten ihre politische Neutralität. Finanziell erhielt der DONRČ keine Subventionen, obwohl er sich darum ständig bei den Wiener tschechischen Banken und Geldinstituten bemühte.

Im Ersten Weltkrieg wurde die Vereinstätigkeit aller tschechischen Organisationen durch den Abgang ihrer männlichen Mitglieder an die Front sehr stark beeinträchtigt. In einigen Vereinen betrug der Verlust bis zu 70 Prozent des männlichen Mitgliederstandes vor dem Krieg. Insgesamt läßt sich sagen, daß alle tschechischen Organisationen von den österreichischen Behörden zwar mehr oder weniger intensiv beobachtet wurden, in keinem Fall führte dies jedoch zu einer Auflösung. Obwohl sich die Vereinstätigkeit quantitativ und qualitativ verringerte, bemühte man sich, Touristik, Sportveranstaltungen, Konzerte, Theateraufführungen und Vorträge aller Art nicht einschlafen zu lassen. Im letzten Jahr der Monarchie kam eine neue bedeutende Organisation hinzu: Am 1. Februar 1918 fand die Gründungsversammlung des *„České srdce"* (Tschechisches Herz) statt. Dieser Verein war aus humanitären Gründen ins Leben gerufen worden – zumindest offiziell. Inoffiziell war diese Organisation jedoch der Nachfolger des Niederösterreichischen Tschechischen Nationalrates, der faktisch seit 1915 zu existieren aufgehört hatte. Trotz der bewegten Zeit wurden in allen Teilen Wiens Bezirksorganisationen geschaffen, und so entstand in Kürze ein für die Wiener Tschechen bis heute äußerst bedeutsamer Verein: Gegenwärtig hat sich nämlich neben der *„Menšinová rada"* (Minderheitsrat), der Dachorganisation der österreichischen Tschechen und Slowaken, der 16 Vereinigungen angehören, vor allem die Wohlfahrtsorganisation „České srdce" als fördernde Kraft des Wiener Tschechentums profiliert. 1981 verwaltete sie immerhin 16 bis 20 Millionen Schilling – ein Erlös aus dem Verkauf des 80.000 m² großen ehemaligen „Tschechischen-Herz-Platzes" (X. Bezirk) an die Gemeinde Wien. Ohne die namhaften Subventionen, die das „Tschechische Herz" an einzelne Vereine verteilt, soweit sie dem Minderheitsrat angehören, wäre deren Weiterbestand ernstlich in Frage gestellt. Während die KP-freundliche *„Sdružení Čechů a Slováků v Rakousku"* („Vereinigung der Tschechen und Slowaken in Österreich") Kontakte zum „Prager Auslandsinstitut" aufrecht hält, für welches die „KP-Auslandstschechen" den Charakter einer Fünften Kolonne haben, hält sich der „Minderheitsrat", der angeblich 90 Prozent der heutigen Wiener Tschechen repräsentiert, an Amerika. Dort hat der „Rat der freien Tschechoslowakei" seinen Sitz, der auf bürgerlicher Tomáš-G.-Masaryk-Linie gegen das Prager Regime agitiert.

3. Schulen

Der zentrale Verein der Wiener Tschechen vor und nach dem Ersten Weltkrieg war – wie bereits angedeutet – der 1872 gegründete Schulverein „Komenský". 1883 wurde die erste tschechische Privatvolksschule mit einem Kindergarten in der Quellenstraße 72 in Favoriten (X.) eröffnet. Für die Schulgründung waren zwei Motive vorherrschend: Erstens sahen die Tschechen darin eine Möglichkeit, ihre Eigenart zu bewahren und damit der Assimilierung entgegenzuwirken, und zweitens sollten diese Schulen die „Akklimatisierung" für die zweisprachig zu erziehenden Kinder erleichtern. Diese sollten, da sie zum Teil aus rein tschechischen Sprachgebieten kamen, in ihrer Muttersprache zu lernen beginnen und sich vom 2. Schuljahr an systematisch die Kenntnis des Deutschen aneignen. Bis zum Ersten Weltkrieg ist die Geschichte der tschechischen Schulen in Wien vom fruchtlosen Tauziehen um die Erringung des Öffentlichkeitsrechtes gekennzeichnet. Gerichtsverfahren, die sich jahrelang hinzogen, und Verbarrikadierungen der Schulgebäude durch den Magistrat lösten schwere Zusammenstöße mit dem deutschnationalen Teil der Wiener Bevölkerung aus, und zwar nach Bürgermeister Dr. Karl Luegers Motto: „Wien muß deutsch erhalten bleiben, und es darf der deutsche Charakter der Stadt nie angezweifelt werden!" In dieser Zeit wurde auch die „Lex Kolisko" beschlossen, als deren psychologischer Urheber Lueger galt und die die deutsche Sprache als alleinige Unterrichtssprache in Wien und Niederösterreich vorsah. Dieses Gesetz bildete natürlich für die Entwicklung des tschechischen Privatschulwesens ein großes Hindernis. Da die Schulen das Öffentlichkeitsrecht nicht erlangten, mußten die Abschlußprüfungen der Schüler bis 1908 im mährischen Lundenburg (Břeclav) durchgeführt werden.

Nach § 59 des Reichsvolksschulgesetzes von 1869 war eine öffentliche Schule dann zu errichten, wenn im fünfjährigen Durchschnitt im Umkreis von einer halben Meile 40 Kinder gezählt wurden. Die Unterrichtssprache hatte sich ausschließlich nach dem Schulerhalter zu richten. In Ländern, in denen mehrere Volksstämme wohnten, sollten die öffentlichen Lehranstalten derart eingerichtet sein, daß ohne Zwangsanwendung zur Erlernung einer zweiten Landessprache jedem dieser Volksstämme die erforderlichen Mittel zur Ausbildung in seiner Sprache zugesichert waren. Die abschlä-

Vierzehnjährige Schüler der Komenský-Volksschule vor der Abfahrt
zur Prüfung nach Lundenburg (Břeclav)
1899

Deutschunterricht an der Wiener tschechischen Schule im Jahre 1985

23

gigen Bescheide, die der Komenský-Verein in puncto Öffentlichkeitsrecht bekam, stützten sich vor allem auf die sogenannte
„Volksstammtheorie", d. h. auf ein Argument, das weitreichende
Auswirkungen für die Wiener Tschechen hatte. Nach Artikel XIX
des Staatsgrundgesetzes von 1867 hatte jeder Volksstamm sprachliche Gleichberechtigung, folglich auch das Recht auf öffentliche
Schulen. Solange jedoch die Tschechen in Wien nicht als „Volksstamm" und das Tschechische nicht als „landesübliche Sprache"
anerkannt wurden, bestanden keinerlei rechtliche Verpflichtungen,
den Privatschulen das Öffentlichkeitsrecht zu geben. Es konnte
nicht ausbleiben, daß die Wiener Tschechen nach fast einem
Jahrzehnt vergeblicher Bemühungen um eine zweite tschechische
Privatschule die unaufhaltsam fortschreitende Abwärtsbewegung
an den Verhältnissen in den *deutschen* Minderheitsgebieten der
Monarchie zu messen suchten. In erster Linie zog man Vergleiche
zu den Prager Deutschen: In Prag gab es im Jahre 1910 für
insgesamt 2536 deutsche Kinder 12 Bürger- und 57 Volksschulklassen, d. h. für je 36 Schüler eine Klasse. Der Unterschied
zwischen Prager Deutschen und Wiener Tschechen betraf jedoch
nicht nur den sozialen Rang, sondern hier fehlte auch der
Kausalzusammenhang mit der Industrialisierung. Seither hatte
nämlich der Ausbau des Schulwesens nahezu überall zugenommen
und war entschieden verbessert worden. In Wien waren die
tschechischen Schüler zwischen 1896/97 und 1900/01 um 13,8
Prozent, die deutschen dagegen nur um 6,2 Prozent gewachsen. Zu
den Realitäten in Wien gehörte auch der sozialökonomisch
bedingte Assimilationstrend, der die nationalen Propagandisten im
tschechischen Lager von Anfang an zu einer hoffnungslosen
Minderheit machte.
Gerade wegen der Widerstände wurde das tschechische Schulwesen
in Wien zum Lebensnerv dessen, was man als „gesamten Minderheitsorganismus" bezeichnen kann. Erst nach dem Ersten Weltkrieg gelang die Errichtung mehrerer Komenský-Schulen, die auch
mit dem Öffentlichkeitsrecht ausgestattet wurden. Nach dem
Zweiten Weltkrieg war die Lage wiederum problematisch. Die für
die Wiener Komenský-Schulen zuständigen Prager Behörden
verhielten sich lange Zeit hinsichtlich der finanziellen Seite
unentschlossen. Mangels statistischer Unterlagen konnten sie sich
über den tatsächlichen Bedarf nur schwer ein Bild machen. Wohl
nahmen nach 1945 einige Schulen ihren Betrieb wieder auf, doch
die Rückentwicklung war nicht mehr aufzuhalten. Während der
„Komenský"-Schulverein in der Zwischenkriegszeit 35 Kindergärten und Schulen mit etwa 4000 Kindern betreute, unterhielt er im
Jahre 1981 eine einzige Volks- und Hauptschule (am Sebastian-

platz, in Wien Landstraße, III. Bez.) mit angeschlossenem Kindergarten für ca. 170 Kinder. Die einzige Lehranstalt Österreichs, wo (nach österreichischem Lehrplan) auf tschechisch unterrichtet wird, ist nicht nur deshalb von der Schließung bedroht, weil es ihr an Lehrkräften mangelt, sondern auch, weil sie nicht mehr von der ČSSR finanziert wird. Seit 1980 zahlt Österreich den Lehrkörper. Alle übrigen Kosten trägt der Schulverein. Eine neue Lebensberechtigung erwächst der Schule freilich aus dem Wunsch vieler Emigranten aus der Tschechoslowakei, ihren Kindern einerseits das tschechische Volkstum zu erhalten, andererseits ihnen den Einstieg in die deutschsprachige Realität ihrer neuen Heimat zu erleichtern. Die Zahl der neuzugewanderten Schüler entspricht 1985 ungefähr der Zahl der einheimischen tschechischen Kinder.

Auch hier soll – analog zum Vereinskapitel – die Gegenwart nicht zu kurz kommen: Ein Interview mit einem im Jahre 1902 geborenen Wiener Tschechen namens Ottokar Měřinský vom 3. Juli 1981 möge hier die Perspektive der Wiener Tschechen aus ihrem eigenen Blickwinkel in puncto Schulen erläutern. Auf die Frage, ob die tschechischen Kinder von damals in den deutschen Wiener Schulen untereinander tschechisch sprachen, antwortete Měřinský folgendes: „Nein. Des wär vielleicht für die Lehrer provozierend, des ham ma nicht gmocht. Im Gegenteil, wie wir in die Schule gangen sind, war des noch nicht so arg, aba jetzt, wie unsere Kinder in die Schule gangen sind, aba auch jetzt, können Sie des imma noch sehen und hören, (. . .) daß die Kinder, wenn sie in die Schul fahrn, in der Straßenbahn, da redens untereinand Tschechisch. Hier und da gibt's scho, daß jemand was sogt, und kaum san die Kinder bei der Schul oder in der Schul, redens untereinander Deitsch" (lacht). „Ja ja, mei Tochter war genauso. Mei Tochter is ja auch scho erwachsen natürlich, aba sie kann sich ganz guat erinnern, wies in die Schul gangen is, daß in der Straßenbahn, da hams untereinand Tschechisch gsprochn, und wies bei der Schul warn (. . .), und der Unterricht anfangt, wern S' sehn, daß die Kinder dort vor der Schul untereinand Deitsch reden." Warum dies so ist, findet Měřinský „schwer erklärlich".

Vor 1914, als der Befragte selbst zur Schule ging, machten die Tschechen in einigen Wiener städtischen Volksschulen immerhin fast 24 Prozent aus, unter den Einwohnern aber kaum 5 Prozent. Dies hängt damit zusammen, daß in den Schulstatistiken die Muttersprache, bei den Volkszählungen jedoch die „im täglichen Umgang gesprochene Sprache" erfaßt wurde. Natürlich gab es auch Fälle, wo sich der „große Verdruß der Lehrer" zwar nicht auf die deutsche Sprache der tschechischen Kinder, aber auf ihre tschechischen Namen und deren Schreibweise richtete. Hierzu ist

dieses Interview ein typisches Beispiel: „Und da hab ich einen Deutschlehrer ghabt, der hat Arbesmann geheißen, und des war a Deutschnationaler, und der war sehr empört immer, wie ich meinen Namen geschrieben habe, auf die Hefte mußte ich ja meinen Namen schreiben, und auf meinem Namen sind auch zwei Hakerl, net, weil ich heiß Měřinský, also am e und r is so ein Hakerl. Also diese darf ich nicht schreiben. I sog, ‚des muß ich schreiben, weil des auf mein Taufschein und überall is'. Na, der hat mir wegen dieser Sache a schlechtere Notn gebn, i war ja immer sehr gut in Deutsch, grad in Deutsch war i sehr gut, net, hat ma immer a schlechte Notn gebn und außerdem hat er mich immer verhöhnt, hat er gsagt, ich heiß Ottokar, und der hat gsagt: ‚Otto (...), komm her, kriegst a Watschi', net, so hat er mich verhöhnt, der hat mich auch mitn Lineal übern Mund ghaut, so, oft war ich geschwollen, meine Mutter is dann zum Direktor gangen, hat sich beschwert, net, und der hat gsagt, ‚naja, des wird scho, was hat er den angstöhlt', ‚nein, nix, nur wegn denen, wegn diese Hakerln', ‚na, ich werd mit ihm sprechen', vor meiner Mutter hat er net gsprochn. (...) Und dort war der Religionslehrer auch so a Deutschnationaler, dem hat des auch nicht gepaßt, daß wir Tschechen sind und daß ma an tschechischen Namen ham und tschechisch schreibn, und der hat mich auch so verhöhnt, dadurch daß er mich grufen hat – ich schreib ‚Měřinský', net, mit die Hakerl, und der hat gruafn – ‚Meerschweindl, komm' (...), no, ich bin natürlich net gangen, bin ja ka Meerschweindl."
Es waren allerdings damals nicht nur die Deutschnationalen, sondern auch die Christlichsozialen unter der Führung Bürgermeister Karl Luegers, die den Wiener Tschechen das Sich-Akklimatisieren nicht immer leicht gemacht haben.

4. Die Ära Lueger (1897–1910)

Dr. Karl Lueger, Sohn eines Hausmeisters der Technischen Hochschule in Wien, wurde fünfmal zum Bürgermeister gewählt, ehe Kaiser Franz Joseph, der seine „hemdsärmelig-demagogischen Methoden" schändlich und eines Beamten unwürdig fand, seiner Ernennung zustimmte. Einer seiner berühmtesten Aussprüche ist sein „Laßt's mir meine Böhm' in Ruh!", ein Wort, das fast so populär ist wie der „Volksbürgermeister" selber, das sich aber weder zeitlich, noch im Zusammenhang, in dem es gesprochen wurde, verifizieren läßt.

Eine der ersten Bastionen deutschnationalen Hochmuts war das von Lueger abgeänderte Gemeindestatut, ein Musterbeispiel nationalistischer Indoktrination, das zwangsläufig zu inquisitorischen Praktiken und zu all den unerfreulichen Begleiterscheinungen führte, die die etablierte Herrschaft politischer Dogmen mit sich bringt. Wiener Bürger zu werden war seit dem 28. März 1900 für einen Tschechen ebenso dubios wie schwierig.

Bis zu diesem Zeitpunkt galt das Gesetz vom 19. Dezember 1890, das in keiner seiner Bestimmungen über die Erfüllung der normalen gesetzlichen Vorschriften im Hinblick auf die Zuerkennung des Bürgerrechtes hinausging. Natürlich hatte die Gemeinde Wien ein legitimes Interesse daran, nicht zum Sammelbecken gescheiterter Existenzen aus den böhmischen Ländern zu werden. So war es auch durchaus vernünftig, daß die Bewerber geschäftsfähig und unbescholten sein mußten, daß sie einen zehnjährigen festen Wohnsitz und eine ebensolange Steuerleistung nachzuweisen hatten und daß sie nicht auf Unterstützung angewiesen, sondern gewerblich selbständig waren. Es folgte auch aus der Natur der Sache, daß die Gemeinde eine Art „Loyalitätsbekenntnis" von ihnen verlangte, denn sie forderte damit ja nicht mehr, als daß sie Bürger *waren:* So hatte jeder Bewerber vor dem Bürgermeister eidlich anzugeloben, „daß er alle Bürgerpflichten nach Vorschrift des Gemeindestatutes gewissenhaft erfüllen und das Beste der Gemeinde möglichst fördern wolle".

Seit dem Inkrafttreten des neuen Statuts hatte jedoch jeder Tscheche, der sich um das Bürgerrecht bewarb, durch einen Eid vor dem Bürgermeister die Behörden zusätzlich davon zu überzeugen, daß er *„den deutschen Charakter der Stadt nach Kräften aufrecht halten wolle".* Lueger hatte diese Ergänzungsbestimmung selbst verfaßt und galt auch im Gemeinderat als Vater dieses Gesetzes.

Hier liegt der Punkt, der den Kern aller Affären um die Wiener Tschechen vor dem Ersten Weltkrieg berührt und der die ganze nationalpolitische Konzeption des Wiener Tschechentums wesentlich mitbestimmt hat: Gab es für den einzelnen Wiener Tschechen, der in dieser Stadt als Bürger leben wollte oder mußte, überhaupt eine moralische Verpflichtung zu einem *in einer solchen Form* definierten Loyalitätseid gegenüber der Gemeinde Wien? Wenn man, wie hier, unter Loyalität die Wahrung des deutschen Charakters der Stadt Wien versteht, stellt sich die Frage, inwieweit es sinnvoll war, einem Tschechen ein Bekenntnis zum „deutschen Charakter" eidlich abzufordern. Ebenso hätte man ihn schwören lassen können, daß er von Natur aus mutig oder großzügig sein solle. Nationalitätszugehörigkeiten lassen sich im allgemeinen ebensowenig kommandieren wie Charaktereigenschaften. In der Realität bedeutete dies: Man verlangte von einem Wiener „böhmischer Abstammung" zu schwören, daß er z. B. keinem tschechischen Verein angehöre und auch keinen zu gründen beabsichtige – obwohl beides laut Staatsgrundgesetz vollkommen legal war. Der Wiener Tscheche wußte nun: Weigerte er sich zu schwören, so würde er keinen Bürgerstatus bekommen, gesellschaftliche und berufliche Nachteile und noch andere Strafen erleiden müssen. Wenn er aber log, um diese Sanktionen zu vermeiden, so konnte man ihn zwar nicht wegen der ursprünglich von ihm begangenen Handlung, möglicherweise aber wegen Meineides belangen. Sofern seine Aktivität legal war – wie etwa die Gründung einer tschechischen Vorschußkassa –, ließ sich dieser Eid als Instrument benutzen, um ihn unter Ausschluß des Rechtsweges zu bestrafen. So gesehen war die Eideserklärung nichts anderes als ein nach Willkür gehandhabtes Verfahren, gesetzliche Handlungen in ungesetzliche zu verwandeln. Sofern die betreffende Aktivität des Bürgerrechtsanwärters jedoch gesetzwidrig war – etwa die Beteiligung an einer „tschechischen Provokation", die die öffentliche Ruhe und Ordnung gefährdete –, so verletzte der Schwur wiederum die verfassungsmäßige Garantie gegen den Zwang zur Selbstbezichtigung.

Noch schwieriger stellt sich das Problem dar, wenn man die Eidesleistung von einem Tschechen verlangte, dem – etwa von der beruflichen Karriere her gesehen – keine andere Wahl mehr blieb, als in Wien zu leben. Für ihn hatte der Eid den Charakter eines erzwungenen Versprechens und war moralisch wertlos. Politisch gesprochen bedeutete dies, daß so ein Tscheche zwar immer noch die Alternative der Emigration hatte, eine Möglichkeit, die allerdings angesichts der Verhältnisse des Industriezeitalters in einer Metropole wie Wien praktisch ein Unding war. Konsequenterweise hätten dann etwa die jahrelang in Wien beschäftigten tschechischen Beamten oder die zahlreichen tschechischen Unternehmer und Fabriksbesitzer ihre nach und nach aufgebaute und gesicherte Existenzgrundlage aufgeben müssen, nur weil der Gemeinderat auf Grund empirischen Beweismaterials ihre Neigungen und Einstellungen mißbilligte.

Die Verwirrung hinsichtlich des Wesens der Wiener Bürgerschaft erreichte in den letzten fünf Jahren vor dem Ersten Weltkrieg ihren Höhepunkt: Die Mindesttaxe bei der Bürgerrechtsverleihung sollte von 100 auf 300 Kronen erhöht und der Nachweis der zehnjährigen Heimatzuständigkeit und gewerblichen Selbständigkeit auf 15 Jahre verlängert werden. Außerdem wurde die Einführung einer Strafsanktion bei Verletzung des eidlichen Gelöbnisses als „unerläßliche Notwendigkeit" erklärt. Was nun die Tschechen an diesem Eid besonders verbittern mußte, war, daß das Hauptkriterium, um in Niederösterreich vor dem Gesetz als Volksstamm anerkannt zu werden, eben gerade die Seßhaftigkeit war. Zehnjährige Seßhaftigkeit zog jedoch zwangsläufig den Eid auf den deutschen Charakter nach sich. In diesem Sinne also galten die Wiener Tschechen von Amts wegen als Deutsche. Hatten sie aber einmal den § 10 verletzt, gegen den ein deutscher Wiener naturgemäß nicht verstoßen konnte, weil er ja den deutschen Charakter per se wahrte, dann galten sie vor den Ämtern als Tschechen. Mehr noch, man stellte sie potentiell mit Verbrechern auf eine Stufe: Laut § 13 nämlich wurde das Bürgerrecht nur demjenigen entzogen, der nicht mehr österreichischer Staatsbürger oder Gemeindeangehöriger war, und das traf für die Wiener Tschechen nicht zu – oder der ein Verbrechen, einen Diebstahl u. ä. begangen hatte. Der unter Luegers Regie in Szene gesetzte Mythos vom deutschen Charakter der Stadt Wien als Lösung zur Bewältigung des Wiener-Tschechen-Problems verherrlichte die national geschlossene, ethnisch monolithische Reichshauptstadt als einen absoluten, unbezweifelbaren Wert. Den Anblick einer deutschen Stadt aber hatte Wien seit langem nicht mehr dargeboten. Immerhin stammten 36 Prozent der Wiener Geschäftsleute und Gewerbetreibenden, denen Lueger durch seine attraktiven Sozialleistungen einen gesicherten Wohlstand garantierte, aus nicht deutscher, d. h. überwiegend tschechischer Bevölkerung. Unter Lueger blieb den tschechischen Wählerschichten – damals waren etwa 93 Prozent aller nicht deutschen Wiener Wähler Tschechen – nur die eine Möglichkeit, deutschnationale Christlichsoziale zu werden. Dann vergrößerte sich freilich ihr sozialer Spielraum in erstaunlicher Weise. Typische Beispiele hierfür sind seine tschechischen Parteifreunde und engen Vertrauten Hermann Bielohlawek und Anton Pumera: Der eine brachte es als Stadtrat und Landesausschußmitglied zu Amt und Würden, der andere konnte es sich erlauben, als Luegers Kämmerer bei Rathaussitzungen mit den tschechischen Reichsratsabgeordneten sogar in der Muttersprache zu sprechen. Daß es allerdings genügend Tschechen gab, die nicht christlichsoziales Parteimitglied waren und die sich als Tschechen und trotzdem auch als Wiener fühlten – davon sprach Lueger nicht. Lag die Schwierigkeit darin, ein Kriterium zu finden, wer denn ein Wiener war? Offenbar ja, da von ihm auch die Äußerung überliefert ist: „Wer ein Jud ist, bestimm' ich". Statthalter Erich Graf Kielmansegg betonte in seinen Aufzeichnungen über „Kaiserhaus, Staatsmänner und Politiker": „Der Herrgott von Wien ... duldete eben nicht gern andere Götter neben sich ... er hätte den Vers dichten können: Meinem Kaiser bin ich gut, solang er meinen Willen tut."

Die Luegersche Hofuniform, bestehend aus einem grünen Frack mit schwarzen Samtaufschlägen und gelben Wappenknöpfen, die im Gefolge des Bürgermeisters getragen wurde, der von ihm geduldete Lueger-Kult mit seinem Bildnis auf Medaillons, auf Pfeifenköpfen, Kaffee- und Teeschalen, und schließlich auch der dreistrophige Lueger-Marsch („Dein mächtiges Wort die Herzen erfüllt mit Kampfeslust") taten ein übriges, um sich als Prinzeps einer Weltstadt vom Volk feiern zu lassen.

Einmal, nach der Fronleichnamsprozession, als der Kaiser im Hofgalawagen, gezogen von acht Schimmeln, den Stephansdom verließ, fuhr Lueger dem Monarchen unmittelbar nach, „neigte sich, fortwährend den Hut ziehend, sehr auffällig aus dem Wagenfenster, so daß ihm lauter gehuldigt wurde als Sr. Majestät." Was für den Kaiser gelten sollte, galt umso mehr für die Tschechen: Der „Vater der Stadt" war ihnen nur solange gesonnen, solange sie ihm gefügig waren. Paradoxa und Ungereimtheiten in seinem Verhältnis zu den Wiener Tschechen ergeben sich nur, wenn man nicht streng zwischen den ihm hörigen Assimilierten, „seinen" Böhmen also, und denjenigen Wiener Tschechen differenziert, die durch Luegers nationalpolitische Verfügungen vor den Kopf gestoßen wurden. Dies konnte der Fall sein, wenn sie vorhatten, wieder in die Kronländer zurückzukehren, deshalb ihrer Nationalität nicht völlig entsagen und trotzdem bei der Stadt Wien eine Anstellung finden wollten. Fragt man sich, ob Lueger, der „Cäsar des Säkulums" und „Bismarck Österreichs", wie er seinerzeit genannt wurde, einen Beitrag im Sinne einer deutschtschechischen Annäherung in Wien geleistet hat oder nicht,

30

Bürgermeister Lueger und sein getreuer Diener Pumera

so lautet die Antwort, in die Worte eines slawischen Satirikers
gekleidet: „Ja ist gleich Nein – der Unterschied liegt in der Frage."
In der nämlich, wer als Wiener Tscheche bezeichnet werden soll
und wer nicht.
Vor dem Ersten Weltkrieg waren die Wiener Tschechen zwar
durch die Politik des Wiener Rathauses in die Defensive gedrängt
worden, sie hegten jedoch auf weitere Sicht durchaus berechtigte
Hoffnungen auf eine Verbesserung ihrer Lage. Mitten in diese
Hoffnungen platzte die Nachricht vom Attentat auf den Thronfolger in Sarajevo.

5. Die geschichtliche Entwicklung seit dem Ersten Weltkrieg

Von den Wiener Tschechen waren zweifellos auch gewisse Impulse zur Gründung eines selbständigen tschechoslowakischen Staates ausgegangen, obwohl sie in den ersten Kriegsjahren bemüht waren, ihre Loyalität zum Haus Habsburg zu unterstreichen. Im Laufe des Krieges änderten die Wiener Tschechen nicht zuletzt deshalb ihre Meinung, weil die Regierung zu keiner konzilianten Haltung bereit war. Der Wiener Exponent der tschechischen Geheimorganisation „Mafia" war Josef Svatopluk Machar, der über einen Mittelsmann Zutritt zu vertraulichen Dokumenten des Innenministeriums hatte. Auf diesem Wege wurden dem tschechischen Untergrund wichtige Pläne der Regierung bekannt.

Zehn Tage vor dem Gründungstag der Tschechoslowakischen Republik, dem 28. Oktober 1918, richtete das Wiener Tagblatt „Vídeňský denník" einen Appell an den tschechischen Nationalrat in Prag, die Wiener Minderheit, die – laut diesem Artikel – ein Zwölftel des „tschechoslowakischen" Volkes ausmachte, bei einer Neuregelung der politischen Verhältnisse nicht zu vergessen und ihr durch Wechselseitigkeit die Existenzbasis zu sichern. Dieser Aufruf blieb von seiten der Tschechoslowakei so gut wie ungehört und unverstanden. Aus den Umsturztagen von 1918 stammt ein Wiener Lied, das zeigt, daß die Wiener Bevölkerung der neuen Machtfülle des zum „Tschechoslowaken" avancierten „Böhm" offenbar nur dadurch beikommen konnte, daß sie ihn zur Praterfigur degradierte, zum Budenausrufer mit Zylinder und Frack:

„Wer wird uns in Wien jetzt regier'n?
Wer wird uns in Wien jetzt regier'n?
Der Tschechoslowak
Mit'n Zylinder und Frack,
Der wird uns in Wien jetzt regier'n!"

Es kam jedoch anders: Unmittelbar nach dem Ersten Weltkrieg verließen mehr Wiener Tschechen (etwa 150.000) Wien, als je bei einer Volkszählung ermittelt worden sind.

Durch die Gründung der Tschechoslowakischen Republik wurden

die Wiener Tschechen mit bisher nicht bekannten Problemen konfrontiert. Die staatliche Neuordnung isolierte sie plötzlich vom Kern ihres eigenen Volkes, zwischen Wien und Prag lagen – erstmals nach Jahrhunderten – Staatsgrenzen, die den weiteren Zustrom von Tschechen und Slowaken nach Wien aus wirtschaftlichen und politischen Gründen unterbanden; andererseits verließen etwa 150.000 Beamte, Angestellte und Angehörige der verschiedensten Berufszweige Wien, um sich in der alten Heimat niederzulassen. Durch diesen Substanzverlust sah die Zukunft zunächst nicht rosig aus. Trotz aller pessimistischen Vorhersagen nahm der bereits am 5. November 1918 konstituierte Nationalausschuß (Národní výbor) seine Tätigkeit auf und konnte bei den Wahlen in den österreichischen Nationalrat am 16. Februar 1919 in Wien immerhin 65.132 Stimmen erreichen. Hand in Hand mit der Normalisierung der Nachkriegsverhältnisse konsolidierte sich auch das neue Führungsteam der Wiener Tschechen. Rechtlichen Schutz boten die Bestimmungen des Friedensvertrages von Saint-Germain über den Minderheitenschutz, auch wenn sie äußerst unklar formuliert waren. Erst durch den Brünner Vertrag zwischen der ČSR und der Republik Österreich wurde das tschechische Schulwesen in Wien geregelt. Die Stadt stellte den tschechischen Kindern allerdings nur Volksschulen zur Verfügung, in denen paradoxerweise der Deutschunterricht verboten war. Diese Diskriminierung wurde durch die Errichtung mehrerer „Komenský"-Schulen wettgemacht, die nun auch mit dem Öffentlichkeitsrecht ausgestattet wurden und in denen vom Verein finanzierte Deutschkurse abgehalten wurden. Im Jahre 1933 unterhielt der von der ČSR subventionierte Verein zwei tschechische Mittelschulen, eine Fachschule für Frauenberufe, eine Handelsschule, sechs Haupt- und sechs Volksschulen sowie 17 Kindergärten. Von der Stadt Wien wurden damals weitere zehn Volksschulen finanziert. Insgesamt besuchten 5300 Schüler diese Bildungsstätten.

Etwa Ende der zwanziger Jahre wurde bei den Wiener Tschechen das Generationsproblem aktuell. Die akademische Jugend, zumeist Absolventen der „Komenský"-Schulen, wollte für die Einheit der – wie es damals hieß – tschechoslowakischen Minderheit eintreten, die in zwei politische Lager, das sozialdemokratische und das nationale, gespalten war. Die Lehrer, die inzwischen aus der ČSR zugezogen waren, sorgten, neben ihren schulischen Aufgaben, im Rahmen eines volksbildnerischen Auftrags für eine nationalbewußte kulturelle Betreuung. Die Führungsrolle oblag jedoch derjenigen Generation, die in Wien bereits geboren, aufgewachsen und ausgebildet war. Während sich die eine Gruppe nur im Dienst des Auslandtschechentums sah, fühlte sich die zweite Gruppe mit der

Wahlheimat Österreich enger verwurzelt. Diese Gegensätze wurden meistens hinter den Kulissen ausgetragen. Dennoch hat dieser Zwiespalt bis 1938 das kulturelle und gesellschaftspolitische Milieu der Wiener Tschechen bestimmt. Es ist unumstritten, daß sich die tschechoslowakische Minderheit etwa bis 1933 ohne die einstmals so ausschlaggebenden nationalistischen Scharmützel vor allem auf dem kulturellen Sektor frei entwickeln konnte. Die Organisationsstruktur der über 300 Vereine wurde durch tschechoslowakische politische Parteien und Interessenverbände vervollständigt. Während sich auf dem politischen Sektor Anfangserfolge zeigten – zu Beginn der zwanziger Jahre gelang es, einen Wiener tschechischen Abgeordneten ins Parlament und acht in den Gemeinderat zu entsenden –, scheiterte der Versuch, einen eigenen wirtschaftlichen Kreislauf aufzubauen, bedingt durch die Sozialstruktur: Immer noch bestand sie zu 80% aus Arbeitern. Im Jahre 1928 waren in Wien nicht weniger als sieben tschechische Parteien und ein slowakischer Kulturausschuß tätig, heute existiert hiervon nur noch die Tschechoslowakische Sozialistische Partei in Österreich, die im April 1978 ihr 100jähriges Bestehen feierte. Alle diese Parteien und die slowakische Dachorganisation „Kultúrný výbor" (Kulturausschuß) waren – mit Ausnahme der Tschechischen Kommunistischen Partei (III. Sektion der Internationale) – im damaligen Tschechoslowakischen Minderheitsrat in der Republik Österreich vereinigt. Der Minderheitsrat verstand sich 1928 im wesentlichen als politische Repräsentanz, da nur politische Parteien zu seinen Mitgliedern zählten. Von den heute nicht mehr existierenden tschechoslowakischen Parteien in Österreich hatte die Volkssozialistische Partei seinerzeit die größte Bedeutung. Sie verfügte über 27 Sektionen, 9 Frauenausschüsse und über je eine Jugendgruppe in 8 Wiener Bezirken und war besonders in den dreißiger Jahren aktiv. Nach dem Zweiten Weltkrieg konnte sich nur noch die Tschechoslowakische Sozialistische Partei halten, die im Jahre 1928 bereits 99 Sektionen in Wien sowie 19 in der niederösterreichischen Provinz besaß und sich auf zahlreiche Bildungs-, Sport-, Frauen- und Jugendorganisationen sowie auf Fachgewerkschaften stützte, in denen Bau- und Metallarbeiter, Schneider, Schuhmacher und Bäcker integriert waren. Das Parteiorgan der Sozialisten, „Dělnické listy" (Arbeiterzeitung), erschien täglich in einer Auflage von 10.000 Stück und war damals das meistgelesene Blatt der Wiener Tschechen. Heute stützt sich die Partei nur noch auf 8 Wiener Bezirksorganisationen, die Kulturorganisation „Máj" und den Arbeiterturnverein „DTJ", dessen Volleyballsektion viele Jahre den österreichischen Meister stellte. Alle anderen Parteien der Zwischenkriegszeit waren nach

dem Zweiten Weltkrieg nicht mehr in der Lage, an die Vorkriegs-
entwicklung anzuknüpfen: Zu groß waren die Verluste, die sie
durch die Abwanderung Ende der dreißiger Jahre und durch die
Remigration nach 1945 hinnehmen mußten.

Die Okkupation Österreichs durch Hitler im März 1938 und das
Münchner Abkommen vom 29. September, dem zufolge die
deutsch besiedelten Randgebiete Böhmens und Mährens an das
Deutsche Reich kamen, trafen die Wiener Tschechen in doppelter
Weise: Einerseits verloren sie ihre österreichische Wahlheimat, der
sie inzwischen loyal ergeben waren, andererseits mußten sie
zusehen, wie ihre alte Heimat, mit der sie sich stets eng verbunden
fühlten, vor der nationalsozialistischen Expansion kapitulierte. Die
Errichtung des Protektorates Böhmen und Mähren im März 1939
wurde dann auch als wahres Waterloo empfunden. Durch den
wachsenden Defaitismus geriet die tschechoslowakische Volksgruppe in die wohl größte Existenzkrise ihrer Geschichte. Zwischen März 1938 und März 1939 waren es wieder Tausende
Wiener Tschechen, die Wien in Richtung Heimat verließen. Die
Wahrung mühsam geschaffener privater Existenzgrundlagen war
für viele von ihnen wichtiger als das klare Bekenntnis zum Wiener
Tschechentum, an dessen Erhaltung das Naziregime nicht interes-
siert war. Die systematisch betriebene Liquidierung der tschechischen Einwohner ließ befürchten, daß es nur noch eine Frage der
Zeit sei, bis das tschechische Element Wiens völlig aufgesaugt sein
würde. Tatsächlich war im Rahmen der Neuordnung Europas, wie
sie Hitler vorschwebte, die Aussiedlung der noch verbliebenen
Wiener Tschechen zur Behebung der Wohnungsnot in Wien
vorgesehen. In einem Schreiben Martin Bormanns vom 2. November 1941 an den Gauleiter Baldur von Schirach wird diesem
ausdrücklich nahegelegt, alle Tschechen aus Wien „abzuschieben".
Unter diesen Umständen nimmt es nicht wunder, daß vor allem
jene, die noch die tschechoslowakische Staatsbürgerschaft besaßen,
Wien den Rücken kehrten.

Mit der amtlichen Schließung der meisten tschechischen Schulen
und der Auflösung vieler Vereine in den Jahren 1941/42 waren die
Wiener Tschechen auf einem absoluten Tiefpunkt angelangt. Da es
ihnen nicht gelungen war, nach dem Anschluß, und zwar bei der
Volksabstimmung am 10. April 1938, durch ihr klares „Ja" den
Nationalsozialisten den Wind aus den Segeln zu nehmen, wurden
nunmehr zwei rein tschechische Widerstandsgruppen tätig, die in
der gesamtösterreichischen Widerstandsbewegung eine nicht unbe-
trächtliche Rolle spielten. Die erste Gruppe, die bereits in den
frühen vierziger Jahren tätig wurde, war von tschechischen
Sozialdemokraten und Kommunisten gegründet: Die führenden

Der Ausschuß des Vereines Sokol X im Jahre 1927

Gaststätte am Tschechischen-Herz-Platz mit nationalsozialistischen
Übermalungen
10. Bezirk, Katharinenstraße 2

Persönlichkeiten dieser Gruppe, die aus etwa 200 Leuten bestand, davon 30 Frauen, waren Alois Houdek und Alois Valach. Die Mitglieder der zweiten Organisation stammten aus dem bürgerlichen Lager. Sie entwickelten eine findige Widerstandsform, indem sie gegen die Einziehung der Tschechen zum Militärdienst operierten. Hitler hatte nämlich in einer Rede in Nürnberg erklärt, er werde den Krieg nur mit Soldaten „deutschen Blutes" gewinnen. Da der Großteil der Österreicher durch die Annexion Österreichs zu deutschen Staatsbürgern gemacht wurde, waren sie nach reichsdeutschen Gesetzen wehrpflichtig. Tatsächlich gelang es vielen Wiener Tschechen, von dieser Einspruchsmöglichkeit Gebrauch zu machen und ihre tschechische Abstammung einwandfrei nachzuweisen und sich so dem Militärdienst zu entziehen. Beide Gruppen wurden von den Nazis entdeckt, ihre Mitglieder verhaftet und zum Großteil in die Konzentrationslager Mauthausen und Ravensbrück überstellt. Insgesamt hatten sich 300 Wiener Tschechen am aktiven Widerstand beteiligt: 69 von ihnen wurden hingerichtet, viele der Verfolgten verbrachten jahrelange Haft in Konzentrationslagern.

Während Österreich nach Kriegsende vom Hitlerjoch wohl befreit, aber im Juli 1945 in vier Besatzungszonen aufgeteilt wurde, konnte sich die wiedererrichtete Tschechoslowakei schon am 5. April 1945 im Schatten der sowjetischen Macht der vollen staatlichen Souveränität erfreuen. Für die Wiener Tschechen galt es die Frage zu klären, ob sie unter den geänderten Verhältnissen noch eine Überlebenschance hätten oder ob sie in die Heimat ihrer Vorfahren zurückkehren sollten. Die von der tschechoslowakischen Regierung mit allen erdenklichen Mitteln geförderten Rückwanderungsbestrebungen mußten in Anbetracht der Nachkriegsverhältnisse vor allem in Wien auf fruchtbaren Boden fallen. Der Tschechoslowakische Zentralausschuß (Československý ústřední výbor), der sich im April 1945 mit Billigung der Besatzungsmächte in Wien konstituierte und in dem alle namhaften Vorkriegsorganisationen vertreten waren, hatte vor allem die Aufgabe, die Remigration in die Wege zu leiten. Er entwickelte sich zur amtlichen Schaltstelle der Abwanderungsbewegung und zur Dachorganisation der Wiener Tschechen. So groß waren allerdings die materiellen Vorteile, die die Tschechoslowakische Republik den Auswanderungswilligen bot, daß innerhalb von zwei Jahren zwischen 10.000 und 20.000 Personen – hier schwanken die tschechischen Angaben – ausgewandert sind. Viele von ihnen haben – nach mehr als 30 Jahren – nach eigenen Aussagen Wien geistig nie verlassen.

Doch nicht alle Wiener Tschechen und Slowaken waren auch

ČECHOSLOVÁCI!

Volte

stranu, která se v minulosti
osvědčila jako náš přítel

Volte:

Sozialistische Partei Österreichs!

Výkonný výbor československé socialistické strany v Rakousku

Komunistická strana Rakouska, československá sekce v 10. okrese

svolává na neděli dne 11. listopadu 1945 v sále „Sokolovny",
Vídeň X, Ettenreichgasse 25-27, v 9 hod. dopoledne

VEŘEJNOU SCHŮZI

Pořad: 1. **Repatriace a volby v Rakousku!**

2. Úkoly žen v menšině

REFERUJÍ ŘEČNÍCI Z ÚSTŘEDÍ A ZÁSTUPCI MENŠINY!

DOSTAVTE SE VŠICHNI, KDOŽ MÁTE ZÁJEM BY BYLY CO NEJDŘÍVE VŠECHNY
PRO VÁS TAK DŮLEŽITÉ OTÁZKY VYŘEŠENY!

Sokolovna jest již zasklena!

VÝBOR K.S.R.
Československá sekce Vídeň X, Favoritenstr. 76a

Nach der Befreiung 1945
Oben: Wahlaufruf der Sozialisten „Wählt die Partei, die sich in der
Vergangenheit als unser Freund erwiesen hat"
Unten: Öffentliche Versammlung der Kommunisten mit der
Tagesordnung „1. Die Repatriierung und die Wahlen in Österreich
2. Die Aufgaben der Frauen in der Minderheit"

gleichermaßen „auswanderungswürdig": Sie mußten nachweisen, daß sie sich während des Krieges als nationalbewußte Tschechen und Slowaken verhalten hatten. Hierüber entschied eine eigene Kommission des Nationalausschusses.

Als die Remigrationswelle Ende 1946 ihren Höhepunkt erreichte, versuchten die in Wien verbliebenen tschechischen Funktionäre, durch Zusammenarbeit und Einigkeit neue Wege zu gehen. Aber: Während Prag dafür sorgte, vor dem kommunistischen Februar-Putsch von 1948, Ingenieure, Ärzte und andere Akademiker beim Aufbau des Landes zu Hilfe zu rufen, spaltete sich der in Wien verbliebene Rest. Somit geschah genau das, was verhindert werden sollte. Auf der einen Seite stand die demokratische Mehrheit, auf der anderen der mit Prag sympathisierende Teil. Die von ihren Gegnern als krypto-kommunistisch denunzierte kleine Gruppe der „Pragfreundlichen" hält auch heute noch Kontakte zur ČSSR und akzeptiert deren Politik. Umgekehrt lehnen die KP-Kritiker das Regime der ČSSR ab und raten ihren Mitgliedern, das Land nicht aufzusuchen. Die im freiheitlich-demokratischen Lager stehenden Organisationen schlossen sich dem im Jahr 1951 wiedererstandenen „Minderheitsrat" (Menšinová rada) an, in dem 16 überwiegend kulturelle, soziale und sportliche Vereinigungen integriert sind. Dieser existierte ja bereits seit den zwanziger Jahren und war 1942 unter Hitler aufgelöst worden. Die pragfreundliche „Vereinigung der Tschechen und Slowaken" wurde 1949 aus der Taufe gehoben. An dieser Kräftekonstellation hat sich bis heute nichts geändert. Das Resultat dieser Entwicklung war, daß die Spaltung der Wiener Tschechen kreuz und quer durch die Vereine ging und auch Gewissenskonflikte mit sich brachte. Andererseits trafen aber bereits Ende 1947 wieder die ersten Rückwanderer aus der ČSR in Wien ein, die sich mit den dortigen Verhältnissen nicht anfreunden konnten, weil man sie in der alten Heimat als „Eindringlinge" empfand.

Ein Teil dieser Flüchtlinge, die hauptsächlich zwischen 1948 und 1950 illegal nach Österreich gekommen waren, mußte das Land wieder verlassen, das damals um seinen Staatsvertrag rang und nicht in der Lage war, den Ankömmlingen genügend Schutz zu bieten. Unter ihnen befanden sich namhafte Politiker, Journalisten und Künstler, z. B. der Chef der Sozialdemokratischen Partei, Bohumil Laušman, der Historiker und Journalist Karel Fürst Schwarzenberg und der Violinkünstler Váša Příhoda.

Umso überraschender fiel das Ergebnis der ersten Volkszählung nach dem Zweiten Weltkrieg im Jahre 1951 aus, bei der nur 3540 Personen in Wien Tschechisch oder Slowakisch als ihre einzige Umgangssprache angaben, d. h., die Wiener Tschechen waren auf

Maiaufmarsch der tschechischen und slowakischen Sozialisten
vor dem Rathaus
1951

ein Zehntel des Vorkriegsstandes reduziert. Die Frage nach der Umgangssprache bedeutete für die Wiener Tschechen, daß sie sich entweder zu „Tschechisch" oder „Tschechisch-Deutsch" oder „Deutsch-Tschechisch" bekennen konnten. Gerade die letzte Kombination, die den Gegebenheiten am ehesten entsprach und zu der sich ein Großteil der Wiener Tschechen entschlossen hatte, wurde in Wien jedoch nicht ausgewertet.

Bemerkenswerterweise wurde im Volkszählungsergebnis von 1961 keine Zahl für Tschechen und Slowaken mehr angegeben, während 1971 bereits wieder 6528 Personen zu verzeichnen waren. Dieser Anstieg ist wohl mit der nationalen Selbstbesinnung nach dem Staatsvertrag zu erklären, andererseits auch vor dem Hintergrund der Ereignisse des „Prager Frühlings". Nach dem Einmarsch der sowjetischen Truppen in die ČSSR hielten sich in Österreich 162.000 tschechische und slowakische Touristen auf, von denen 129.000 wieder in ihre Heimat zurückkehrten. Um Gewährung des Asylrechtes suchten im Jahre 1968 mehr als 7000 und ein Jahr später fast 10.000 ČSSR-Staatsbürger an. Der überwiegende Teil dieser 17.000 Personen ist in Österreich, vornehmlich in Wien, geblieben. Inwieweit man jemals ernstlich daran dachte, diese Auswanderer in die Organisationen der alteingesessenen Tschechen in Wien zu integrieren, ist schwer zu beantworten. Jedenfalls entstand eine dritte Gruppierung, die weder von den KP-nahen Tschechen noch von deren Gegnern wohlgelitten ist. Die Verhaltensweise einiger Emigranten, bedingt sowohl durch falsche Vorstellungen vom Leben im Westen als auch das Aufwachsen in einem anderen Gesellschaftssystem, rief das Mißtrauen der bereits bodenständigen Wiener Tschechen hervor. Dies gilt auch für die Neuankömmlinge, die auf Grund der Charta 77 das Land verließen und sich wiederum von den „Achtundsechzigern" distanzierten. Darüber hinaus war der Großteil nach den politischen Erfahrungen in der Heimat auch gar nicht gewillt, sich in Vereinsstrukturen einzugliedern. Die Mehrheit der über 40.000 ČSSR-Staatsbürger, die zwischen 1968 und 1979 in Österreich um Asyl angesucht haben, lebt heute abseits der tschechischen Volksgruppe.

Von Bedeutung für die Wiener Tschechen war auch das Jahr 1976, als der österreichische Nationalrat das Volksgruppengesetz und das Bundesgesetz vom 7. Juli 1976 beschloß, mit dem das Volkszählungsgesetz geändert wurde. In den Erhebungsblättern war neben Deutsch nur von den Muttersprachen Kroatisch, Slowenisch und Ungarisch die Rede. Wer sich zur tschechischen oder slowakischen Muttersprache bekennen wollte, mußte dies in der Rubrik „andere, und zwar" ausschreiben, während Deutsche,

Kroaten, Slowenen und Ungarn ihre Muttersprache einfach nur durch Ankreuzen entsprechender Kästchen angeben konnten. Die Wiener Tschechen empfanden dies „als ein klassisches Beispiel von Diskriminierung". Auf Initiative des demokratisch-pluralistischen Minderheitsrates (Menšinová rada) gelang es, vom Staat und von der Stadt Wien finanzielle Hilfe für eine geheime Erhebung der Muttersprache zu erhalten. Dabei ging die Zahl der Tschechen wieder auf 4781 zurück, 317 davon gaben slowakisch an. Auch wenn diese Zahlen kein objektives Maß für die Gesamtzahl der heute in Wien lebenden Tschechen sind – Schätzungen zufolge sind es etwa 10.000 bis 20.000 –, so zeigen sie doch die umfassenden Assimilierungsvorgänge seit der Nachkriegszeit, die nicht zuletzt durch die politisch-ideologische Abkapselung vom Mutterland mit verstärkt wurden.

Im Jahre 1981 ermittelte die Volkszählung in Wien nur „Tschechisch und deutsch" (3551 Personen) bzw. „tschechisch" (1381 Personen). Die Zahl der Slowaken fällt dadurch wieder unter den Tisch.

6. Die Tschechen im Wiener Reichsrat

Die Tätigkeit der tschechischen Parteien und ihrer Politiker im Reichsrat ist bisher noch kaum bearbeitet worden. Dabei reicht die Bedeutung des österreichischen Reichsrates weit über die Geschichte der späten Habsburgermonarchie hinaus, da dieses Parlament rückblickend als *die* politische Ausbildungs- und erste Bewährungsstätte für die Politiker der Nachfolgestaaten bezeichnet werden muß. Nicht nur der erste tschechoslowakische Staatspräsident Tomáš Garrigue Masaryk und die Ministerpräsidenten Karel Kramář, Vlastimil Tusar und František Udržal waren ehemalige Mitglieder des Reichsrates, sondern auch die folgenden 16 tschechischen Minister der Regierungen in der Zwischenkriegszeit: František Soukup, Václav Klofáč, Jiří Stříbrný, Alois Rašín, Adolf Stránský, Karel Brášek, Isidor Zahradník, Leo Winter, Gustav Habrman, František Staněk, Moritz Hruban, Václav Johanis, Jan Šrámek, Karel Viškovský, Rudolf Bechyně, Bohumír Bradáč. Selbst der Vorsitzende der 1921 aus der Sozialdemokratie hervorgegangenen Kommunistischen Partei, Bohumír Šmeral, war Reichsratsmitglied gewesen.

Damit war in der Monarchie bereits das gesamte politische Spektrum der Tschechoslowakischen Republik ausgebildet.

Der engere Reichsrat, seit 1867 nur noch „Österreichischer Reichsrat" genannt, bildete das Zentralparlament für Zisleithanien. Es bestand aus zwei Kammern: dem Herrenhaus und dem Haus der Abgeordneten, und wurde vom Kaiser zu den einzelnen Sessionen einberufen bzw. geschlossen oder vertagt. Während die Kompetenzen zwischen 1867 und 1914 nahezu unverändert blieben, war das Wahlsystem ein Indikator für den Wandel des Reichsrats von einer ständischen Ländervertretung zum sogenannten Volksparlament durch die ersten allgemeinen Wahlen im Mai 1907. Die tschechischen Abgeordneten des neugewählten Reichsrats bildeten damals vor der ersten Parlamentssitzung fünf tschechische Klubs (Fraktionen): die Klerikalen den *„Katholischen Klub";* die Jungtschechen, Alttschechen und mährischen Volksparteiler den *„Böhmischen Klub";* die Agrarier den *„Agrarischen Klub";* die Fortschrittler, Staatsrechtler und Nationalsozialen setzten ihr Wahlbündnis im *„Klub der Nationalsozialen, radikal*

Fortschrittlichen und Staatsrechtler" fort; und die tschechoslawischen Sozialdemokraten bildeten innerhalb des Verbandes der sozialdemokratischen Abgeordneten den *„Klub der tschechischen Sozialdemokraten".* Diese Zusammenschlüsse waren im Prinzip die Fortsetzung der tschechischen Klubs im Kurienparlament und blieben, auch wenn sich Name und Zusammensetzung änderten, bis zur Auflösung der Monarchie bestehen. Die vier Abgeordneten der mährischen Volkspartei traten 1908 aus dem Böhmischen Klub aus, um einen eigenen *„Klub der Volkspartei"* zu gründen. Die einzelnen Klubs tagten regelmäßig vor den Parlamentssitzungen, formulierten ihre Anträge und legten die Kandidaturen für innerparlamentarische Wahlen fest. Das nationale Zusammenwirken der tschechischen Parteien manifestierte sich im November 1910 in der Gründung eines *„Einheitlichen Tschechischen Klubs",* dem sich – abgesehen von den Sozialdemokraten – alle tschechischen Abgeordneten anschlossen. Um welche Parteien handelte es sich nun, und inwieweit vertraten diese auch die Interessen der Wiener Tschechen?

Die Massenpartei par excellence war die tschechoslawische *Sozialdemokratie.* Sie hatte in Böhmen, Mähren, Schlesien sowie in Wien bzw. Nieder- und Oberösterreich eigene Landesverbände. Auf allen Ebenen gab es zusätzlich Jugend- und Frauenorganisationen und zahlreiche Fachverbände. Die größte Stütze der Partei war die organisatorisch eigenständige Gewerkschaftsbewegung. Die tschechischen Wiener Gewerkschaftsorganisationen verfügten im Jahre 1913 bereits über 16 Presseorgane mit einer durchschnittlichen Auflage von 2000 bis 4000 Stück.

Die Nationalsoziale Partei, gegründet 1897 durch den 29jährigen Redakteur Václav Klofáč, hatte eine vergleichbare, jedoch kleinere Organisation und war in Mähren schwach, dafür aber in Wien mit 1800 Mitgliedern relativ stark vertreten. Die Anhänger rekrutierten sich überwiegend aus Arbeitern und Angestellten der Eisenbahnen, der Post und der niederen Beamtenschaft.

Die *Agrarpartei,* die sich im Juni 1899 von den Jungtschechen losgelöst hatte, wandelte sich trotz der seit Beginn breiten Basis von Vereinen erst um 1905 zur Massenpartei. In Wien organisierte sie sich erst um 1920 unter der Führung von František Váhala. In den böhmischen Ländern wurde sie von dem jungen Vorsitzenden und energischen Organisator Antonín Švehla geleitet, der die Parteiaktivitäten erheblich erweiterte und „ständische" Organisationen, auch für Mittel- und Kleinbauern, ausbaute.

Die vierte tschechische Massenpartei waren die *Christlichsozialen,* die wie die Sozialdemokraten und Nationalsozialen Parteiorganisationen in Wien, in Nieder- und Oberösterreich unterhielten.

Im Gegensatz zu den Kronländern, in denen die tschechischen Christlichsozialen ohne wirksame organisatorische Verbindung zu den deutschen Parteiangehörigen standen, lehnten sich die tschechischen Christlichsozialen Wiens eng an die deutsche Luegerpartei an und wählten auch stets die deutschen Parteiführer.

Für die Parteigeschichte ist daher zu betonen, daß die Wiener tschechischen Christlichsozialen nicht mit der *Katholischen Volkspartei* verwechselt werden dürfen, die – von den beiden Arbeiterparteien abgesehen – in Wien zu bemerkenswerten Ergebnissen kam und schon 1889 in der „Katholisch-politischen Vereinigung" ein Aktionszentrum für die späteren Organisationen besaß. Daß sich diese Partei auch nach dem Ersten Weltkrieg nicht den Christlichsozialen anschloß, zeigt sich am Beispiel des Wiener tschechischen Gemeinderates Otto Růžička, der im Mai 1919 als Vertreter der (im Titel kaum veränderten) christlichen „*Tschechoslowakischen Volkspartei in Österreich*" ein Mandat erhielt.

Die bis 1907 stärkste tschechische Partei, die *Jungtschechen,* versuchte durch intensive Werbung in den unteren städtischen Schichten, sich auf das neue Wahlsystem einzustellen; aber erst nach der Niederlage von 1907 gelang die Umwandlung in eine Massenpartei. Zur neuen Parteiführung gehörten seit 1912 der Bibliotheksbeamte Zdeněk Tobolka und der ehemalige radikale Staatsrechtler Alois Rašín. Der Kernpunkt des Programms blieb das konservative Fernziel des böhmischen Staatsrechts, dessen Verwirklichung das Ende der nationalen Einheit mit den Wiener Tschechen bedeutet hätte. Diese verfassungsrechtlichen Forderungen betrafen – nach Karel Kramář – vor allem das Verhältnis der unzertrennbar vereinigten drei Länder der böhmischen Krone zur Dynastie, das Verhältnis der unabhängigen souveränen böhmischen Kronländer zu den übrigen Ländern ihres Königs und zu den anderen Staaten und, drittens, das Verfassungsrecht der Kronländer, die Kompetenz der Landtage und der Administration in den drei Ländern und die Rechte der Krone gegenüber den Ständen in Gesetzgebung und Verwaltung. Deshalb befürchteten die Deutschen in Böhmen, daß mittels einer autonomen Zentralverwaltung in Prag die Vorherrschaft eines tschechischen Staatsvolkes ausgebaut würde. Die Wiener Tschechen hingegen hegten die Vermutung, „zum verlassenen Zweig" an der Donau degradiert zu werden.

Auch die klassische tschechische Honoratioren-Partei, die *Alttschechen,* von denen sich die Jungtschechen 1874 abgespalten hatten, erhielten die Forderungen nach dem böhmischen Staatsrecht aufrecht und versuchten 1904/05 ihre politische Stellung wieder auszubauen.

Lärmszenen der Jungtschechen im Parlament um 1900

Die kompromißlosesten Vertreter des Staatsrechts bildeten aus Mitgliedern der sogenannten Fortschrittsbewegung und der Jungtschechen im Jahr 1899 die *Radikale Staatsrechtspartei,* die zwar zunehmend die Sympathien der Wähler verlor, aber im Programm umso radikaler wurde und während des Ersten Weltkriegs als einzige tschechische Partei die Auflösung der Habsburgermonarchie und eine unabhängige Tschechoslowakei forderte.

Die *Realisten,* im Jahr 1900 unter dem Namen „Tschechische Volkspartei" von Masaryk gegründet, waren die einzige kleine Partei, die versuchte, die modernen Organisationsstrukturen der Massenparteien zu verwirklichen. Als stark intellektuell geprägte Partei fand sie jedoch nur in den Hochschulstädten Prag, Brünn, Olmütz und Wien eine größere Anhängerschaft. Die tschechische Volkspartei läßt sich somit als Massenpartei ohne Massen bezeichnen. Die Realisten lehnten das Staatsrecht genauso wie die Sozialdemokraten ab, da sie die nationale Einheit mit den Wiener Tschechen nicht aufgeben wollten. An den Bestrebungen, die im Jahre 1905, von der geistigen Führerschaft Masaryks als Philosophen, akademischem Lehrer und Wissenschaftler ausgehend, in Wien zur Bildung des „Fortschrittler-Klubs" führten, zeigten sich die begrenzten Möglichkeiten der Partei für die Gesamtheit der Wiener Tschechen: Der Klub, der als reine Bildungsvereinigung für die tschechische Intelligenz gegründet worden war, umfaßte damals etwa zehn Personen.

Tomáš Garrigue Masaryk, der später dem Dichter Josef Čapek gegenüber erklärt hat, „Wien niemals vergessen zu können", kam in den sechziger Jahren des vorigen Jahrhunderts erstmals als Schlosserlehrling hierher. Da ihm jedoch Arbeitskollegen seine über alles geliebten Bücher gestohlen hatten, wanderte er bald zu Fuß zu seinen Eltern in das südmährische Göding zurück. 1869 sah ihn die Stadt als Studenten wieder. Seine Dissertation von 1876 über „Das Wesen der Seele bei Plato" liegt heute noch in der Wiener Universitätsbibliothek auf. Erst nach 13 Jahren verließ Masaryk, nunmehr Universitäts-Dozent für Philosophie, die Reichshauptstadt, um 1882 eine ao. Professur an der neugegründeten tschechischen Universität in Prag anzunehmen. Als Reichsratsmitglied kam „T.G.M." ständig nach Wien. Im Café „Central" in der Herrengasse traf er sich – wie es Anton Kuh formuliert hat – zum „k. u. k. Hochverrat"-Betreiben mit Karel Kramář, dem Chef der Jungtschechischen Partei. Da sich allein in den Jahren zwischen 1907 und 1914 163 verschiedene tschechische Abgeordnete in Wien aufhielten – ihr Durchschnittsalter war mit 44 Jahren relativ niedrig –, ist es unmöglich, auf alle einzugehen.

Es gab ja schließlich auch prominente Politiker in der Tschecho-

Gedenktafel für Tomáš G. Masaryk
1. Bezirk, Petersplatz/Ecke Jungferngasse

49

slowakei, die nicht im Wiener Reichsrat vertreten waren, sondern sich aus anderen Gründen in der Residenzstadt aufgehalten hatten. Dies gilt für den Mitarbeiter und Nachfolger Masaryks, *Edvard Beneš,* der in jungen Jahren in Wien als Journalist tätig war, und ebenso für *Klement Gottwald,* der 1896 in Dědice/Mähren zur Welt gekommen war. Nach dem Putsch von 1948 wurde er Staatspräsident der ČSR und führte von 1945 bis zu seinem Tod 1953 den Vorsitz der Kommunistischen Partei. Gottwald lernte das Tischlerhandwerk in Wien und begann hier schon vor dem Ersten Weltkrieg in der tschechischen sozialistischen Bewegung und in deren Arbeiterturnvereinen (DTJ) aktiv mitzuwirken.

Von den Slowaken arbeitete sich der Chefredakteur der „Národnie Noviny", *Ambro Pietor,* in Wien als Rechtsanwalt in seine zukünftigen volkswirtschaftlichen Aufgaben ein. *Milan Hodža,* von 1935 bis 1938 Ministerpräsident der Ersten Tschechoslowakischen Republik, verbrachte – nicht zuletzt auf Grund seiner engen Beziehungen zum Thronfolger Franz Ferdinand – viele Jahre in der Donaumetropole. Am 25. Oktober 1918 traf er im Hotel „Continental" mit den tschechischen Abgeordneten Rašín, Tusar und Kramář Vorbereitungen zum Umsturz.

Es wäre sicherlich lohnend, ist aber im Rahmen dieses Bändchens nicht möglich, auch einmal den deutschsprachigen Parteigängern in Österreichs Hauptstadt nachzuspüren, die „böhmisches Blut" in ihren Adern haben oder hatten – gleichgültig, ob sie nun deutschnational oder den Tschechen und Slowaken gegenüber neutral oder loyal gesinnt waren. Ein typisches Beispiel von einst ist der bereits im Zusammenhang mit Lueger erwähnte *Hermann Bielohlawek.* Für unsere Tage sei wenigstens *Franz Jonas* erwähnt, von 1951 bis 1965 Bürgermeister von Wien, dann Bundespräsident. Sein Vater, Josef Jonáš, kam aus Kamenice in Südmähren und arbeitete seit 1895 in einer Fabrik in Floridsdorf.

Unter den Berufs- und Tätigkeitsbezeichnungen der tschechischen Abgeordneten in Wien dominierten die Advokaten und Redakteure. Deshalb im folgenden ein paar Streiflichter zur tschechischen Presse in Wien.

Die Allegorien von Elbe und Moldau am Pallas-Athene-Brunnen
vor dem Parlament

7. Die tschechische und slowakische Presse – Verlage, Druckereien, Bibliotheken

Die Anfänge der tschechischen Presseorgane in Wien reichen bis ins Jahr 1761 zurück. Noch vor Verkündigung der Pressefreiheit gab Leopold Kalivoda vom 1. April bis zum 27. Juni 1761 die erste Wiener tschechische Zeitung überhaupt unter dem Titel „C.k. privilegované české vídeňské poštovní noviny" (K.k. privilegierte tschechische Wiener Post-Zeitung) heraus. Diesem Blatt war, wie ersichtlich, nur eine kurze Lebensdauer beschieden.

Ein halbes Jahrhundert später, in den Jahren von 1813 bis 1817, erschien wieder eine tschechische Zeitung, die „Cís. král. Vídeňské noviny" (K.k. Wiener Zeitung), redigiert und ediert vom Gelehrten Jan Nepomuk Hromádko. Während der 1848er Revolution gab es als Organ des böhmisch-mährisch-schlesischen Vereins zweimal wöchentlich den „Vídeňský posel" (Wiener Bote), der sich bereits durch ein beträchtliches Niveau auszeichnete. Im Juli 1850 folgte der „anti-panslavische", von der Regierung kontrollierte „Vídeňský deník" (Wiener Tagblatt). Die Slowaken hatten von 1849–1860 in den „Slovenské Noviny" (Slowakische Nachrichten) ein „Sprachrohr". Als verantwortlicher Redakteur zeichnete der evangelische slowakische Pfarrer Daniel Lichard. Es handelte sich hier um ein täglich erscheinendes Regierungsorgan, das für die ungarisch-slowakischen Gegenden zur Annäherung der Slowaken an die Tschechen gedacht war. Die Spalte „Drobničky" (Kleinigkeiten) registrierte die slowakische Literatur und Zeitschriftenliteratur. Die „Briefe aus der Slowakei" waren tschechisch abgefaßt. Nach dem Aufhören des „Vídeňský deník" im Jahre 1851 waren die „Slovenské Noviny" lange Zeit das einzige tschecho-slowakische Blatt in Wien; erst 1860 wurden sie eingestellt – bedingt durch die politischen Verhältnisse in Ungarn. Den Druck besorgte der armenische Orden der Mechitharisten, der seit 1810 in Wien ansässig ist.

Um die Jahrhundertwende gab es zwei fest etablierte tschechische Tageszeitungen in Wien: die „Dělnické listy" (Arbeiter-Zeitung), von 1881–1884 und von 1890 an, sowie den „*Vídeňský denik*" (Wiener Tagblatt), von 1907 bis 1919. Das Organ der Tschechischen Nationalsozialen Partei „*Česká Vídeň*" erschien seit 1901 und wurde 1919 unter dem Titel „*Vídeňské listy*" (Wiener Blätter) weitergeführt. Es war nur kurzfristig Tagblatt, dann Wochenblatt.

Den ganzen Ersten Weltkrieg hindurch bestanden der „Vídeňský denník" als Organ der Wiener tschechischen Bürgerlichen und die sozialdemokratischen „Dělnické listy" weiter. In den ersten Kriegsjahren verhielten sich diese Zeitungen sehr loyal. Bei Erfolgen der k. u. k. Armee wurde von „unserem Sieg" oder „unseren tapferen Soldaten" berichtet. Besonders detailliert war die Kriegsberichterstattung der „Dělnické listy", die unter der Rubrik „Válka" (Krieg) erschien. In den ersten Kriegsjahren deuteten in Wien keinerlei Anzeichen darauf hin, daß sich die Tschechen aus dem Verband der Monarchie hätten ausgliedern wollen. Die tschechischen Tageszeitungen der Reichsmetropole wurden zwar von der Zensur aufmerksam verfolgt, aber dies geschah nie so streng wie in Böhmen. Eine Erklärung hierfür ist, daß man das „Image" der Hauptstadt nicht aufs Spiel setzen wollte, eine andere, daß die Zensoren der tschechischen Sprache nicht immer voll mächtig waren. Die „Dělnické listy" hatten im Jahre 1914 eine Auflage von 13.700 Stück. Der „Vídeňský denník" erlebte während des Krieges einen noch größeren Aufschwung, da es die Mitarbeiter verstanden, die Zensur geschickt zu umgehen. Die Zeitung, deren Verkaufsnetz bis in die Slowakei reichte, wurde vor allem an den Fronten und in Böhmen kolportiert. Die Auflagenzahl erreichte einen Höchststand von 20.000 bis 24.000 Stück. Zu den Mitarbeitern gehörte auch der bereits genannte tschechische Dichter Josef Svatopluk Machar (siehe auch „Literarisches"). Erstaunlich ist, mit welcher Offenheit man seit Januar 1918 von T. G. Masaryk, Beneš und deren Auslandsaktion berichtete.

Über die Wiener tschechische Presse während des Ersten Weltkriegs kann man sagen, daß sie eine über den lokalen Bereich weit hinausgehende Geltung erlangte. Vom Januar 1918 an läßt sich ein Stimmungsumschwung insofern feststellen, als die Wiener Tschechen nicht mehr daran dachten, die Vorherrschaft des Hauses Habsburg zu akzeptieren. Am 19. Oktober 1918 wurde im „Vídeňský denník" das Manifest Kaiser Karls abgedruckt und ablehnend kommentiert.

Die demokratische Republik Österreich gewährte den Wiener Tschechen alle Möglichkeiten einer kulturellen Emanzipation. Insofern nahm auch die tschechische Publizistik einen Aufschwung. Von 1918 bis 1926 erschien z. B. ein kommunistisches Wochenblatt „Průkopník Svobody" (Vorkämpfer der Freiheit). Die speziell katholische Richtung war in den Blättern „Pravda" (Wahrheit) und „Ráj" (Paradies) vertreten. Die meisten Periodika wurden von den Vereinen herausgegeben. So edierte der Schulverein „Komenský" von 1923 bis 1941 die bedeutendste Monatsschrift der Wiener Tschechen, die kulturelle Revue „Dunaj" (Donau). Sie wurde vom Inspektor der Komenský-Schulen, František Melichar (Pseudonym O. Vojen) redigiert. Erwähnenswert sind u. a. die Rezensionen wissenschaftlicher Arbeiten, vor allem in den ersten Erscheinungsjahren des „Dunaj".

Das Jahr 1926 bildete für die zwei führenden tschechischen Tageszeitungen allerdings einen Einschnitt: die „Dělnické listy" sanken von täglich 24.000 gedruckten Exemplaren (im Jahre 1919) auf 12.000 ab, ihr Titel wurde überdies im selben Jahr in „Vídeňské dělnické listy" geändert. Als Beilage für die Jugend erschien das „Socialistické klíčení" (Sozialistisches Keimen). Am 1. Juli 1926 sah sich die Redaktion des „Vídeňský denník" aus finanziellen Gründen gezwungen, das Tagblatt in ein Wochenblatt umzuwandeln, welches nun „Vídeňský týdeník" hieß.

Im Jahre 1928 proklamierte sich dann die Zeitung als Organ der nationalen Minderheitsvereine, mit deren Hilfe es gelang, die Zeitung dreimal wöchentlich herauszubringen (als „Vídeňský obdeník"). Vom 28. September 1929 an hieß das Blatt wieder „Vídeňský denník", im Februar 1934 kam als Ergänzung der „Vídeňský věstník" hinzu.

Beide Zeitungen zusammen ergaben ein Tagblatt. 1938 erfolgte die Fusion mit den „Vídeňské noviny", dem Nachfolger der auf Grund der Februarereignisse von 1934 verbotenen „Dělnické listy". Diese hatten noch kurz vor ihrem Verbot im Jahre 1941 durch die Nationalsozialisten eine Auflage von 6800 Stück.

Im Wien der Zwischenkriegszeit gab es u. a. auch drei tschechische Touristenvereine, von denen jeder seine eigene Zeitschrift besaß. Für die schulpflichtigen Kinder wurde die „Útěcha" (Tröstung) geschaffen, die seit 1922 monatlich erschien und Gedichte, Märchen und leichte Prosa enthielt. 1939 druckte man immerhin noch 5000 Stück. Mit der Auflösung der Komenský-Schulen wurde sie 1941 eingestellt.

Auch die Slowaken hatten ihre eigene Presse. Dazu gehörte der „Rakúsky Slovák" (Österreichischer Slowake). Er war allerdings im Geist des ungarischen Revisionismus gehalten. Das Blatt wurde 1933 zur Wochenzeitschrift, mußte aber im März 1934 zu bestehen aufhören. Ein weiteres slowakisches Blatt nannte sich „Naša pravda a proletár" (Unsere Wahrheit und der Proletarier). Die

VÍDEŇSKÉ

SVOBODNÉ LISTY

Týdeník Menšinové rady české a slovenské větve v Rakousku

VÍDEŇ, ČTVRTEK 12. ČERVENCE 1973

P. b. b.
Erscheinungsort Wien
Verlagspostamt Wien 1050
TELEFON 57 83 08
Cena
4.—
šilinky
Roč. XXVIII Čís. 28/29

Leopold Gratz — starosta Vídně

Nový starosta Leopold G r a t z přednesl po svém zvolení v obecní radě prohlášení o svém pracovním programu

Po svém zvolení byl nový starosta uveden na místo v první řadě — zde složil také předepsaný slib

Americké odbory a Brežněv

Menšinová rada Kosyginovi

S projevem úcty

Antonín N e k o v á ř
předseda

Antonín S v o b o d a
místopředseda

Die „Vídeňské Svobodné Listy" (Wiener Freie Blätter), das Organ
der demokratischen Fraktion der Volksgruppe
(Amtsantritt von Bürgermeister Gratz 1973)

Zahl der Slowaken wurde für das Jahr 1923 immerhin noch auf 4802, für 1934 auf 3615 Personen geschätzt.

Heute gibt es in Wien noch zwei tschechische Zeitungen: die im Jahre 1946 gegründeten „*Vídeňské svobodné listy*" (Wiener freie Blätter) als Organ des Minderheitsrates der Tschechen und Slowaken in Österreich und die „*Krajanské noviny*" (Landsmannschaftliche Nachrichten) für die nach Prag hin orientierten Tschechen. Die beiden Blätter erscheinen wöchentlich bzw. vierzehntägig, sind jedoch an Wiener Zeitungskiosken kaum zu entdecken.

Für ihre publizistische Tätigkeit standen den Wiener Tschechen eigene Verlage und Druckereien zur Verfügung. Die Druckerei „*Melantrich*" wurde schon 1897 als Gesellschaft gegründet. 1922 wandelte sie sich in eine Aktiengesellschaft um und eröffnete zur gleichen Zeit eine verlagseigene Buchhandlung. Der Verlag gab in der Zwischenkriegszeit eine große Zahl von Fachbüchern und Belletristik heraus.

Die „*Lidová knihtiskárna*" (Volks-Buchdruckerei) des Gemeinderatsabgeordneten und Schriftstellers Antonín Machát und Co. war die Druckerei der Sozialdemokraten. Der ihr angeschlossene Verlag nannte sich „*Vídeňská lidová knihovna*", gegründet 1908. 1925 wurden hier bereits 16 Zeitschriften gedruckt. Zwischen 1921 und 1941 kamen etwa 60 belletristische und wissenschaftliche Bücher heraus, die nicht nur unter den Wiener Tschechen, sondern auch in der ČSR verbreitet waren. Auch die Druck- und Verlagsgenossenschaft „*Danubius*" befand sich in Händen der tschechischen Sozialisten. Zusätzlich gab es noch kleinere Betriebe, wie die *Tiskárna Hrazdilova* im X. Bezirk.

Volksbüchereien entstanden in den sechziger Jahren des 19. Jahrhunderts in den tschechischen Organisationen, unter anderem in der „Slovanská Beseda", im „Akademický spolek", in der Komenský-Schule und in den Sokol-Vereinen. 1895 konstituierte sich in Wien der „*Tschechische Volksbildungsverein für Niederösterreich*" auf Betreiben des Dichters J. S. Machar. Im Lauf des ersten Jahrzehnts wurden von ihm Büchereien in allen Wiener Bezirken und auf dem Land errichtet. Die Anzahl der vom Verein erworbenen Bücher wuchs dabei auf 12.000, die der Büchereien auf 52. Aus dem Leseverein der tschechischen Beamten bildete sich 1898 der „*Svatopluk Čech*", der sich die Errichtung einer zentralen öffentlichen Bücherei zur Hauptaufgabe machte. Diese wuchs zur größten tschechischen Leihbibliothek Wiens heran. 1914 hatte der Verein 660 Mitglieder und 8699 Bücher. Sein Bemühen um die Errichtung eines Wiener-Tschechen-Archivs wurde durch den

Weltkrieg vereitelt. So geriet wertvolles Kulturgut, das entweder in alle Ecken verstreut oder vernichtet wurde, langsam in Vergessenheit. Natürlich war dieser Umstand den Verantwortlichen bekannt, doch erst zu Beginn der zwanziger Jahre wurde durch die Gründung der „Komenský"-Studienbibliothek die fällige Sammlung, Aufbewahrung und Auswertung noch vorhandener Archivalien, soweit sie tschechische Viennensien betrafen, von neuem begonnen. Um die Gründung dieser Zentralbibliothek haben sich im besonderen der langjährige Inspektor des Schulvereins „Komenský", der Philosoph Dr. Jiljí Jahn, der bereits genannte Schriftsteller František Melichar (Pseudonym Oldřich Vojen), Antonín Machát sowie der Bibliothekar Dr. Jan Heyer eingesetzt, meist Professoren, die an den Komenský-Schulen tätig waren. Die Zentralbibliothek sollte später zu einem Museum der österreichischen Tschechen und Slowaken umgewandelt werden. Die Okkupation durch Hitler setzte dem Vorhaben ein jähes Ende. Nach Schließung der Schulen wurde die Studienbibliothek von der Gestapo beschlagnahmt und in den Kellern der Wiener Nationalbibliothek untergebracht. Was offiziell über die Geschichte der Wiener Tschechen zurückblieb, war nur noch ein Torso, sei es, daß die Bestände vernichtet oder gestohlen wurden oder im allgemeinen Chaos verloren gingen. Der Wiener Slawist Dr. Reichenbach-Illing machte 1947 von sich aus den Vorschlag, im Rahmen einer Arbeitsgemeinschaft unter der Bezeichnung „Bohemica Viennensia" dafür zu sorgen, daß wichtige Zeugnisse über das Wirken der Tschechen in Wien erhalten bleiben. Daraufhin wurde in wenigen Jahren auf Initiative des Stellvertretenden Obmanns der Tschechoslowakischen Sozialistischen Partei Österreichs, Karl Matal, im Rahmen der „Bohemica Viennensia" eine Zentralkartei und eine Bibliothek eingerichtet, die über Tausende von Eintragungen und Büchern verfügt, die auch für wissenschaftliche Zwecke wertvoll sind. Als Periodicum sind die in den ersten Nachkriegsjahren sporadisch erscheinenden „Bohemica Viennensia" und die der österreichisch-tschechoslowakischen Verständigung gleichermaßen zugedachten „Jahrbücher" (1950–1954) aus finanziellen Gründen sehr bald eingegangen.

Hieran knüpft sich nun die Frage nach der Wirtschaftslage der Wiener Tschechen.

8. Wirtschaft und Gewerbe

In den böhmischen Ländern gingen der Industrialisierungsprozeß und das gleichzeitige Bestreben, sich vom Großkapital der Reichsmetropole möglichst unabhängig zu machen, Hand in Hand. In den achtziger Jahren setzte dort eine zielbewußte Konzentration und Konzernbildung ein, deren Erfolg sich an der Zahl der gegründeten Bankinstitute ebenso ablesen läßt wie an der Steigerung des Aktienkapitals.

In Wien etablierten sich in der Zeit von 1872 bis 1913 elf tschechische Banken und Versicherungen. Das erste Jahrzehnt des neuen Jahrhunderts brachte zehn tschechische Neugründungen von Banken, allein in Prag. Die Prager *„Živnostenská Banka"* (Gewerbebank), von 1872 bis 1874 und von 1898 bis 1914 in Wien, und die wechselseitige Versicherungsbank *„Slavia"* (gegründet 1874), mit Graf Jan Harrach als Erstem Präsidenten, waren die prominentesten Geldinstitute der Wiener Tschechen, die schon vor 1900 ihre Niederlassungen in Wien aufgeschlagen hatten. Die „Živno", als größtes Unternehmen, war seit 1909 in zwei eigenen Gebäuden der Innenstadt untergebracht und hatte 1914 in insgesamt 14 Wiener Bezirken Wechselstuben errichtet. Bürgermeister Lueger wurde nachgesagt – auch wenn dies von der „Reichspost" dementiert wurde –, hier seine Privatgelder deponiert zu haben.

Für besonders geeignet hielt man die Organisationsform der sogenannten „Vorschußkassen", die vornehmlich kleine und mittlere Kredite gaben und von den zugewanderten tschechischen Gewerbetreibenden selbst ins Leben gerufen werden konnten. Vor 1914 gab es in den einzelnen Wiener Bezirken 20 verschiedene tschechische „Záložny".

Am erfolgreichsten erwies sich die *„Vídeňská záložna"* (Wiener Vorschußkasse), die 1903 im XV. Bezirk eröffnet wurde und die sich mit dem österreichischen Finanzzentrum, der „Österreichisch-Ungarischen Bank", verband. Hinzu kamen zahlreiche Hausbau- und Verbrauchergenossenschaften, vor allem zur Errichtung von tschechischen Vereinshäusern.

In dem Bemühen um die wirtschaftliche Verselbständigung der böhmischen Länder sollten die Tschechen in Wien potentiell in der Schlüsselstellung von Wirtschaftsspionen fungieren, die – auf Empfehlung des tschechischen nationalsozialen Parteiorgans „Česká Vídeň" (Tschechisches Wien) hin – eine genaue Statistik

58

Das Gebäude der „Živnostenská banka"
(heute Österreichisches Credit-Institut)
1. Bezirk, Herrengasse 12

der volkswirtschaftlichen Verbindungen mit der Reichszentrale zusammenstellen und weiterleiten sollten. Allerdings blieb einer solchen psychologisch motivierten und daher größtenteils wirtschaftsfremden Argumentation der Durchbruch zur Wiener tschechischen Arbeitsbevölkerung versperrt. Sie stand in ihrer Gesamtheit derartigen Experimenten skeptisch gegenüber.
Interessant ist jedenfalls die sprachlich-nationalpolitische Seite: Aus den Akten der Finanz-Landesdirektion geht zum Beispiel hervor, daß die Wiener Filiale der „Zentralbank der böhmischen Sparkassen" *(Ústřední banka českých spořitelen)* die Effektenumsatzsteuerregister in tschechischer Sprache führte. Andererseits bestand der Wiener Magistrat darauf, daß eben jene Bankfiliale die Firmentafel mit der deutschen Bezeichnung „Zentralbank der böhmischen Sparkassen" abzunehmen und durch eine tschechische Aufschrift zu ersetzen habe, weil sonst die deutschen Einwohner glauben könnten, dies sei ein deutsches Geldinstitut. Die Statthalterei erlaubte jedoch die deutsche Aufschrift und entschied, daß der Magistrat seine Kompetenz überschritten habe.
Besonders nach 1919 – aber auch schon vorher – war die Arbeit der tschechischen wirtschaftlichen Unternehmungen durch Uneinigkeit und Parteienhader gekennzeichnet. Zwar war trotz der ungünstigen Wirtschaftslage der Zwischenkriegszeit ein bescheidenes tschechisches Finanzpotential vorhanden, es gelang jedoch nicht, diese Kräfte zu zentralisieren und gewisse Hürden politischer Natur zu überwinden. Dieses Versagen bezahlten die Wiener Tschechen – und dieser Meinung sind sie heute selbst – mit einer verstärkten Distanzierung ihrer jungen Generation, die kaum Chancen vorfand (oder vorfindet), sich innerhalb des Wiener Tschechentums zu profilieren.
Tschechen und Slowaken waren nicht nur unter den Fabriksarbeitern stark vertreten, sie arbeiteten zu einem hohen Prozentsatz auch im Gewerbe als Handwerker, d. h. in manuellen Berufszweigen. Als Charakteristikum für die gesamte tschechische Bevölkerung Wiens galt ihre hohe Beteiligung am Wirtschaftsleben, wobei die in Industrie und Gewerbe Beschäftigten mit 85 Prozent die stärkste Gruppe bildeten. Selbständige, Angestellte und Beamte waren demgegenüber schwach repräsentiert. Bevorzugt wurde das Bekleidungsgewerbe: 27,6 Prozent der um 1900 berufstätigen Tschechen arbeiteten als Schneider oder Schuhmacher. Der Tschechenanteil in der Fortbildungsschule für Kleidermacher betrug im Jahr 1910 über 67 Prozent. Noch heute werden die Wiener Tschechen oft mit dem Schneider- oder Schusterberuf assoziiert, einige haben exzellente Ateliers, in denen die Wiener Prominenz nach Maß arbeiten läßt.

Portal der Firma Knize, ehemals k.u.k. Hof-Schneiderei
1. Bezirk, Graben 13

Seinerzeit persiflierte der Wiener Volksmund das so:

„Von aner elektrischen Tramway, da wird
Der Schuaster, der Pechatschek, jüngst überführt,
Grad über sein' Kopf geht die schwere Maschin' –
Was glauben S', was g'schehn is? Die Tramway war hin!"

Von den im Jahre 1910 in Wien anwesenden Personen aus den böhmischen Ländern waren die Frauen in der Überzahl: in Böhmen geboren waren etwa 70.000 Frauen, aber nur 65.000 Männer, für Mähren betrug das Verhältnis etwa 112.000 zu 99.000. Diese Frauen sind als die legendären böhmischen Köchinnen und Dienstmädchen in die Geschichte eingegangen. Es gab sozusagen kein Wiener Ärzte- oder Kaufmannshaus um die Jahrhundertwende ohne die gute Anna, Zdenka oder Božena, die die kräftigsten Fleischgerichte und nahrhaftesten Mehlspeisen kochte, den Kindern böhmische Schlaflieder sang und immer so „treu, brav und ehrlich" war, wie es im Dienstbüchl bescheinigt werden mußte.

Die „böhmischen Stubenmädchen" waren seit dem 18. Jahrhundert in der Kaiserstadt ein Begriff und gaben der Viennensien-Literatur häufig Anlaß zu Glossen oder gelegentlichen Witzeleien. Erst in jüngster Zeit besteht die Tendenz, in romantisch-verklärter Rückschau das „stille Wirken" der tschechischen Dienstmädchen, Köchinnen und Ammen zu würdigen. Es wäre falsch, davon auszugehen, daß sie bei den berüchtigten Volkszählungen nach der Umgangssprache von ihrer „Herrschaft" prinzipiell in die deutsche Rubrik der Zählungslisten eingetragen wurden und daß sie für das Tschechentum somit auf verlorenem Posten im wörtlichen Sinn standen. In vielen Familien durften die tschechischen Hausgehilfinnen zwar kein Wort „böhmisch" sprechen, aber sie wurden dennoch als Tschechinnen offiziell und anstandslos anerkannt. Eine Wiener Bürgersfrau erklärte 1911 dem Volkszählungsbeamten auf die Frage, ob denn ihr Dienstmädchen wirklich nur „böhmisch" spreche: „Ah, ka Idee, i wurd ihr helfen, ka Wurt böhmisch derf s' bei mir außalass'n; oba i hab nur glaubt, weil s' so guat powidaln kann, daß ma do muaß ‚böhmisch' einischreib'n; ja, da muaß ma halt aufgeklärt werd'n!"

9. Kirchen und religiöses Leben

Nach dem Untergang des böhmischen Uradels nach der Schlacht am Weißen Berg 1620 zogen viele Untertanen aus dem Land, um sich in der Residenzstadt anzusiedeln. So viele Böhmen und Mährer gab es dort schließlich, daß die Feste ihrer Schutzpatrone, des heiligen Wenzel und der Slawenapostel Cyrill und Method, in den großen Barockkirchen, ja sogar im Stephansdom gefeiert wurden. Aus den Predigten des Augustinermönches Abraham a Sancta Clara ist ersichtlich, daß die Tschechen zur Zeit Kaiser Leopolds I. (1658–1705) alljährlich am 28. September ihre Wenzels-Feier in der Augustinerkirche abhielten. Die Mährer feierten ihr erstes religiöses Fest, an dem Adelige und Bürger teilnahmen, im Jahre 1708.

Im Jahre 1722 baute Franz Graf Czernin von Chudenic für seine Landsleute aus eigenen Mitteln eine Kapelle zu Ehren des hl. Wenzel und hl. Nepomuk in der Wiener Leopoldstadt, um dort „für ewige Zeiten" tschechische Gottesdienste zu sichern. Als die Kapelle im 19. Jahrhundert einem anderen Zweck zugeführt wurde, war der Czerninsche Meßfonds unauffindbar. – Johannes von Nepomuk stand bald auf allen Brücken. Noch heute gibt es Dutzende von Nepomukstatuen im Wiener Stadtgebiet.

Den vorerst vereinzelt stattfindenden Heiligenverehrungen folgten regelmäßig abgehaltene Gottesdienste in tschechischer Sprache. Von Kaiser Franz I. wurde den Tschechen im April 1820 die Kirche „Maria am Gestade" als Nationalkirche zugewiesen, die heute noch als „böhmisches Gotteshaus" bekannt ist. Hier wirkte bis zu seinem Tod 1820 der „Apostel der Wiener", Clemens Maria Hofbauer, der die Ausbreitung des Redemptoristenordens über die Grenzen Italiens hinaus eingeleitet hat und als sein zweiter Stifter verehrt wird. Hofbauer war in Taßwitz bei Znaim geboren; sein Vater hatte den Namen Dworak eingedeutscht. Im Ersten Weltkrieg wurde auf der Meidlinger Höhe die nach ihm benannte Pfarrkirche zum hl. Klemens Maria Hofbauer errichtet.

In der Minoritenkirche – hier war von 1808 bis 1813 der später heiliggesprochene Hofbauer Kirchenrektor – häufen sich die Grabstätten des mährischen Adels aus Lomnitz, Tassov, Znaim und Tabor. Nach der Schlacht auf dem Marchfeld wurde König Ottokars Leichnam zu den Minoriten gebracht, wo er einbalsamiert und unbeerdigt im Kapitelsaal aufbewahrt blieb, bis man ihn

Die Nepomukstatue am Eingang der Mariahilfer Straße
7. Bezirk, Messeplatz

zuerst nach Znaim und dann in den Prager St.-Veits-Dom überführte.

Von den im Jahr 1900 amtlich gezählten 102.974 Wiener Tschechen und Slowaken hatten sich 100.424 zum katholischen Glauben bekannt. So ist es verständlich, daß sich Graf Jan Harrach beim päpstlichen Nuntius persönlich für eine planmäßige tschechische Seelsorge einsetzte. An tschechischen Priestern fehlte es nicht, aber die rasante Bevölkerungszunahme Wiens hatte zu einer Kirchennot bisher unbekannten Ausmaßes geführt. Trotz Raummangels, der in erster Linie die deutschen Pfarreien und Gläubigen betraf, fanden zwischen 1875 und 1914 in 14 Wiener Kirchen (bzw. in elf Stadtbezirken) katholische Meßfeiern mit Predigten in tschechischer Sprache statt. Anfang der neunziger Jahre konnte man in vier, seit 1905 schon in zehn Gotteshäusern, von denen die Hälfte zu den stark überlasteten Pfarren gehörte, an tschechischen Messen teilnehmen. Die Ursachen für dieses Entgegenkommen sind einerseits bei den Orden und Kongregationen zu suchen, die gute Beziehungen zu den böhmischen Ländern und ihrer tschechischen Bevölkerung pflegten, andererseits lagen sie in der Zusammensetzung des Personals begründet. Aus den tschechischen Familiennamen, Vornamen und Geburtsorten des Klerus der Wiener Erzdiözese zwischen 1890 und 1914 kann man schließen, daß die Zahl der tschechischen Priester in Wien höher gewesen sein muß, als dies allgemein bekannt war. Diejenigen Orden und Kongregationen, die den tschechischen Gläubigen ihre Kirchen zur Verfügung stellten – es handelte sich um die Salesianer, Redemptoristen, Salvatorianer, Piaristen, Lazaristen, Kalasantiner –, waren zum Teil erst neu gegründet und noch nicht päpstlich approbiert. Bindungen nach Böhmen und Mähren, ganz besonders bei den Kalasantinern, sind mit Ausnahme der Salesianer in allen Fällen nachweisbar.

Seit 1861 befaßte sich der Propst des Wiener Stephanskapitels, Prälat und Hofpfarrer Dr. Jan Schwetz, mit den religiösen Problemen der Wiener Tschechen. Seinem Beispiel folgten auch der Hofdirektor des k. k. Oberlandesgerichts, Hofrat Anton Ritter von Beck, und der Universitätsprofessor Alois Šembera. Aus Prag zeigten der Erzbischof Kardinal Friedrich Schwarzenberg und aus Budweis der Bolzano-Schüler Dr. Jan Valerian Jirsík Interesse. Das Ergebnis der Beratungen war die Gründung des St.-Method-Vereins („Jednota svatého Metoděje) im Jahre 1865. Zur „Pflege des religiösen Empfindens" wollte man tschechische Sonn- und Feiertagsgottesdienste ermöglichen, Wallfahrten, Exerzitien und Vereinsvorträge veranstalten, für Religionsunterricht in den tschechischen Schulen sorgen, ein Lehrlingsheim errichten und den jungen Handwerkern kostenlos Arbeitsplätze vermitteln. Der erste Erfolg des St.-Method-Vereins zeigte sich in den seit 1875 in der Kirche der hl. Anna im I. Bezirk zelebrierten Sonn- und Feiertagsmessen mit tschechischer Predigt. Auf seine Initiative waren auch die meisten übrigen tschechischen Gottesdienste in Wiener Kirchen zurückzuführen. Im Juni 1908 kaufte die „Jednota" für eine halbe Million Kronen von den Redemptoristinnen Kirche und Klostergebäude im III. Bezirk am Rennweg, die noch heute – zusammen mit dem slowakischen Generalat und Mutterhaus der Tröster des Göttlichen Herzens von Gethsemani – in ihrem Besitz sind. Die jeweiligen Veranstaltungen werden in den „Svobodné listy" angezeigt, die zur Hundertjahrfeier 1965 auch einen großen Bericht zur Entstehungsgeschichte abdruckten.

Im Jahre 1914 umfaßte der Verein zehn Zweigstellen in verschiedenen Wiener Bezirken mit insgesamt 2000 Mitgliedern und war im Besitz von fünf Vereinshäusern. Der enge Zusammenhang mit der tschechischen katholischen Volkspartei erklärt sich aus dem Vorsitzenden der „Jednota", dem Propst von Kremsier und Bischof von Olmütz, dem Reichsratsabgeordneten Dr. Cyrill Stojan, der im Jahre 1908 nach dem plötzlichen Tod des päpstlichen Prälaten und Dekans des Wiener Stephanskapitels, Dr. Antonín Horný, zu dessen Nachfolger ernannt wurde. Als damalige Protektoren, Ehren- und Gründungsmitglieder des St.-Method-Vereins sind zu nennen: der tschechische Reichsratsabgeordnete und Minister Dr. Jan Žáček, Graf Jan Harrach, Graf Eugen Czernin von Chudenic, der Vorsitzende des tschechischen niederösterreichischen Nationalrates Dr. Josef Václav Drozda, der Kustos der Wiener Hofbibliothek Ferdinand Menčík und der berühmte Rechtsgelehrte und Politiker Hermenegild Jireček.

Genauso wie es für viele prominente Politiker gilt, stammten auch hohe Wiener Kirchenfürsten aus Böhmen und waren daher, ungeachtet, ob sie nun deutscher oder tschechischer Abstammung waren, mit den Problemen der Wiener Tschechen sicherlich vertraut. Erwähnt sei hier nur Kardinal Theodor Innitzer, der 1875 im böhmischen Weipert geboren wurde.

Neben der dominierenden katholischen Bewegung gab es auch eine – stets mit Existenzschwierigkeiten kämpfende – evangelische Gruppe. Versuche, die Wiener Tschechen der böhmischen Brüdergemeinde oder der griechisch-orthodoxen Kirche anzuschließen, waren wenig erfolgreich. Nicht zuletzt war ja der böhmische Adel, *der* große Förderer des religiösen Lebens der Wiener Tschechen, katholischen Glaubensbekenntnisses.

Die tschechische Kirche am Rennweg

10. Adelspaläste, Architektur, Kunstgeschichtliches

Erst nach der Schlacht am Weißen Berg sind mit den Kaiserlichen auch die Fürstentitel, die Grafen und Freiherren ins Land gekommen. Als in Wien zwischen 1708 und 1714 nach Plänen von Johann Bernhard Fischer von Erlach die *Böhmische Hofkanzlei* (I., Wipplingerstraße 7 – Judenplatz 11) errichtet wurde, ließ der tschechische wie der deutsche Adel in Wien seine Residenzen erbauen. Die Hofkanzlei war ursprünglich eine im Jahre 1620 geschaffene Zentralbehörde der österreichischen Länder für die auswärtige, die innere und die Justizverwaltung gewesen. Nach der Teilung gab es selbständige Abteilungen für Böhmen und Ungarn, 1695 auch für Siebenbürgen, und unter Karl VI. überdies eine italienische und eine niederländische Hofkanzlei. 1749 wurden die österreichische und die böhmische Hofkanzlei aufgehoben. An ihre Stelle traten als oberste Verwaltungsbehörden für die deutsch-böhmischen Erblande die Geheime Haus-, Hof- und Staatskanzlei, das Directorium in internis (Vereinigte böhmisch-österreichische Hofkanzlei, 1760) und die Oberste Justizstelle (1761). Im 19. Jahrhundert war hier der Sitz des k. k. Ministeriums des Innern. Von Fischer von Erlachs Außenbau ist heute nur noch die östliche Hälfte der Fassade an der Wipplingerstraße erhalten. Derzeit ist das Gebäude Sitz des Verfassungs- und des Verwaltungsgerichtshofes.

Vom Adel im Vormärz wird berichtet, daß die böhmischen Aristokraten national farblos, weder Tschechen noch Deutsche, sondern „Böhmen" waren. Aus Trotz gegen den „deutschen Joseph" bemühten sie sich, am Wiener Hofe wieder tschechisch zu sprechen, soweit sie dieser Sprache überhaupt noch mächtig waren. In diesem Sinne berichtet Graf Sternberg nach Kaiser Josephs II. Tod, daß sich der böhmische Adel nachdrücklich auf die tschechische Sprache als Landessprache besann, um gegenüber den zentralistischen Bestrebungen die Länderautonomie zu betonen. Im Jahre 1848 soll ein slawisch sprechender Adel in Wien wieder Mode gewesen sein; später traten die Adeligen als Mäzenaten des Wiener Tschechentums hervor. Viele ihrer Palais der Inneren Stadt dienen heute öffentlichen Ämtern, ausländischen Botschaften, Bildergalerien, Wirtschaftskonzernen oder Prominenten-Clubs.

Die Böhmische Hofkanzlei
(heute Verfassungs- und Verwaltungsgerichtshof)
1. Bezirk, Wipplingerstraße

Hierzu ein paar Beispiele: Das *Chotekpalais* (IX., Währinger Straße 28) wurde zwischen 1871 und 1874 von Lothar Abel erbaut. Die Stammreihe der Choteks beginnt im Jahre 1450. 1723 wurden sie in den böhmischen, 1745 in den Reichsgrafenstand erhoben. Gräfin Sophie (geboren 1868) heiratete in morganatischer Ehe den österreichisch-ungarischen Thronfolger Franz Ferdinand und fiel am 28. Juni 1914 dem Attentat von Sarajevo zum Opfer. Das *Choteksche Gartenpalais* (VIII., Josefstädter Straße 39 im Hof, bekannt als Strozzipalais) gelangte nach mehrmaligem Besitzerwechsel im Jahre 1753 an Johann Karl Graf Chotek. Fast neun Jahrzehnte blieb es im Besitz der Familie, in den dreißiger Jahren des 19. Jahrhunderts bewohnte der Porträtmaler Friedrich von Amerling vornehme Räume im 1. Stockwerk und versammelte hier jede Woche die besten zeitgenössischen Künstler um sich. 1838 wurde das Palais verkauft, 1841 brachte man in seinen Räumen das „Zivilmädchenpensionat" unter.

Das *Clam-Gallas-Sommerpalais* (IX., Währinger Straße 30, heute Französisches Kulturinstitut) stand von 1690 bis in die dreißiger Jahre des 19. Jahrhunderts im Besitz der Grafen *Dietrichstein,* die am Lobkowitzplatz 2, am Minoritenplatz 3 und am Rennweg 31–33 weitere Palais bewohnten und ein Sommerpalais in der Josefstadt besaßen. Die Dietrichstein traten vor allem in Mähren seit dem 16./17. Jahrhundert in Politik und Kirche hervor. Unter den Grafen von Clam-Gallas hatte der in Prag 1805 geborene und in Wien 1891 verstorbene Graf Eduard als Kommandierender General u. a. 1859 bei Magenta und Solferino gekämpft, 1866 wurde sein Armeekorps von den Preußen geschlagen.

Das *Harrachpalais* (I., Freyung 3): Die Herren von Harrach besaßen an dieser Stelle schon im Jahre 1470 mehrere kleine Häuser, die zu Beginn des 17. Jahrhunderts zusammengebaut wurden. In diesem Palais wohnte, schwer erkrankt, „der Friedländer" Wallenstein als Gast seines Schwiegervaters Karl Graf Harrach. Die aus verschiedenen Schlössern der gräflichen Familie 1850 hierher gebrachten Gemälde (spanische, niederländische, flämische, neapolitanische Meister) wurden – lange Zeit als einzige private Gemäldegalerie Wiens – in den Sälen des Palastes untergebracht. Seit einigen Jahren befinden sie sich auf Schloß Rohrau in Niederösterreich.

Das *Harrachsche Gartenpalais* (III., Ungargasse 69) wurde von Graf Ernst Guido 1791 an Leopold II. verkauft. Nach dessen Tod 1792 kam der Besitz an das Geheime Kammerzahlamt, 1798 an die k. k. priv. Zuckerraffinerie. 1802 kaufte Franz I. den Besitz zurück, ließ Palais und Kirche restaurieren und legte einen großartigen Obstgarten, genannt „Kaisergarten", an. Von 1840 bis 1849 war

Staatskanzler Fürst Kaunitz
Statue am Maria-Theresien-Denkmal

im Palais die Lombardo-Venetianische Garde, 1850 das Militär-Reitlehrinstitut und 1866 ein Militärspital untergebracht. Nach schwerer Beschädigung 1945 wurde das Palais wiederhergestellt.

Das *Kaunitzpalais* (VI., Amerlingstraße 6) kam 1754 an den Staatskanzler Wenzel Anton Fürst Kaunitz, von dem die Formulierungen der Grundsätze des Staatskirchentums (= „Josephinismus") stammen. Seine Erben verkauften den Besitz nach seinem Tod 1794, die wertvolle Gemäldesammlung wurde in der Dorotheergasse versteigert. Dann gelangte das Palais in den Besitz der ungarischen Magnatenfamilie Esterházy. 1868 kaufte die Gemeinde Wien den Mariahilfer Besitz und verlegte das Mariahilfer Realgymnasium und die Kanzleien des Bezirksamtes in seine Räumlichkeiten. Diese wurden vor einigen Jahren demoliert, um einem Schulneubau zu weichen.

Das *Kinskypalais* (I., Freyung 4, ehem. Palais Daun) kam 1790 an die Fürstlich-Kinskysche Familie, die 1237 zum ersten Mal urkundlich genannt wird und auf den Burgen Wchinitz bei Lobositz und Tettau im Böhmerwald ihren Stammsitz hatte. In diesem Haus wurde am 2. Februar 1711 der Staatsmann Wenzel Anton Fürst Kaunitz geboren (siehe oben). Die Friedensnobelpreisträgerin von 1905, Bertha von Suttner, war eine geborene Gräfin Kinsky. Ihr Roman „Die Waffen nieder!" (zwei Bände, 1889) erregte als eine in fast alle europäischen Sprachen übersetzte Kundgebung der Friedensbewegung allgemeines Aufsehen.

Das *Kolowratpalais* (I., Seilerstätte 21) war ursprünglich im Besitz des Grafen Josef Erdödy und gehörte erst nach 1812 der gräflichen Familie Kolowrat, einem böhmischen Herrengeschlecht, das schon zu Beginn des 11. Jahrhunderts erscheint. Durch seinen Turm bildete es einen markanten Punkt in der Stadtsilhouette und stand auf der Wasserkunstbastei. 1862 begann der Abbruch der Bastei, 1870 mußte deshalb das Franz Anton Graf Kolowrat-Liebsteinsky gehörende Palais abgetragen werden. Dieser Graf Kolowrat leitete als Oberstburggraf die Landesverwaltung Böhmens und förderte die Wiederbelebung der tschechischen Sprache und Geschichte; von 1826 bis 1848 war er Staatsminister unter Franz I. und Ferdinand I., unter letzterem trat er mit Metternich in der „Staatskonferenz" auf.

Das *Liechtensteinpalais* (I., Herrengasse 6–8, Wallnerstraße 5–7, Fahnengasse 2) wird schon im 15. Jahrhundert als Eigentum der Familie Liechtenstein genannt. Die mährische Linie stieg 1623 in den Reichsfürstenstand empor. Seit 1872 bestand im Haus der berühmt gewordene Bösendorfer Konzertsaal. Das Palais wurde 1913 demoliert, die Bibliothek kam in den Liechtensteinschen Sommerpalast, 1933 entstand auf dem Terrain das erste „Hoch-

Das Portal des Palais Kinsky auf der Freyung

haus" in Wien. Das *Liechtensteinsche Sommerpalais* (IX., Fürstengasse 2), von 1691 bis 1711 erbaut, gehört zu Wiens schönsten Palaisbauten. Im unteren Teil des Parks stand das nach Plänen Johann Bernhard Fischer von Erlachs 1700 vollendete „Belvedere", ein herrlicher Pavillon, der 1875 abgerissen wurde und an dessen Stelle Heinrich Ferstel ein Gartenhaus für die verwitwete Fürstin erbaute (IX., Alserbachstraße 14). Das *Liechtensteinsche Majoratshaus* (I., Minoritenplatz 4, Bankgasse 9, Löwelstraße 10) war wegen seiner Kunstschätze und wegen seiner Kuriositäten auf dem Gebiet der Kunstbautechnik und Mechanik berühmt. Es hatte z. B. Vorrichtungen, mittels derer die Zimmerwände verschoben und der Saalfußboden aus dem zweiten in das erste Stockwerk hinabgelassen werden konnten. Das Haus gelangte 1694 in den Besitz des Fürsten Adam Liechtenstein, seine Vollendung erhielt das Palais im Jahre 1705. Die Gemäldegalerie wurde in den Sommerpalast überführt. Heute ist sie in Vaduz.
Das *Lobkowitzpalais* (I., Lobkowitzplatz 2) wurde 1658 bis 1687 zunächst für die Grafen Dietrichstein erbaut. 1753 kaufte es Wenzel Eusebius Fürst Lobkowitz. Das Palais, das zu den schönsten der Wiener Barockarchitektur zählt, war oft Schauplatz glänzender Feste, besonders zur Zeit des Wiener Kongresses. 1807 wurde hier Beethovens Vierte Sinfonie unter seiner Leitung uraufgeführt. Später war im Gebäude die französische Botschaft untergebracht, die 1909 in ihr eigenes Palais übersiedelte. Ende 1918 installierte sich hier die Gesandtschaft der Tschechoslowakischen Republik. In der Zweiten Republik beherbergte das Palais lange Zeit das Französische Kulturinstitut.
Das *Schönbornpalais* (VIII., Laudongasse 17–19) erwarb Reichsvizekanzler Friedrich Karl Graf Schönborn, der 1729 zum Bischof vom Bamberg und Würzburg ernannt wurde, im Jahre 1706. In den folgenden fünf Jahren ließ er es nach einem Entwurf Lukas von Hildebrandts umbauen. Wegen der durch den Grafen Friedrich Karl angesammelten Kunstschätze war das Gebäude sogar im Ausland bekannt. Graf Schönborn verließ 1734 Wien für immer, um sich in der Würzburger Gegend niederzulassen. Von der Linie Schönborn-Wiesentheid zweigten dann 1801 und 1811 die Linien der Grafen von Schönborn-Buchheim (in Österreich) und der Grafen von Schönborn in Böhmen ab. Das Wiener Palais wurde seit der zweiten Hälfte des 18. Jahrhunderts an adelige Familien vermietet. 1870 wurde es zum Sitz der Hochschule für Bodenkultur ausersehen, die vor dem Zweiten Weltkrieg hauptsächlich auf Schüler aus den böhmischen Ländern Anziehungskraft ausübte. 1897 zog das Oberlandesgericht ein. Derzeit ist hier das Museum für Volkskunde untergebracht.

Wappen mit Legende „Asche bin ich, und Asche werde ich sein"
vom Gala-Staatswagen der Fürsten Lobkowitz
Schönbrunn, Wagenburg
1885

75

Das *Schwarzenbergpalais* (I., Kärntner Straße 26, Marco-d'Aviano-Gasse 1) kaufte Ferdinand Eusebius Fürst Schwarzenberg den Erben des Grafen Werdenberg ab. Während des Umbaus Ende des 17. Jahrhunderts starb Fürst Schwarzenberg (1703), so daß das Palais erst unter seinem Sohn Adam Franz vollendet werden konnte. Die Schwarzenbergs, ein fränkisches edelfreies Geschlecht, erscheinen urkundlich im Jahre 1172. Um 1405 erwarben sie in Unterfranken die Herrschaft Scheinfeld, später dann reichen Besitz in Südböhmen (Herzogtum Krumau), Krain und in der Steiermark. 1894 wurde das Palais demoliert, an seine Stelle kamen drei Zinshäuser. Das *Schwarzenbergpalais* (III., Rennweg 2) war Sommerpalais. Die Entwürfe lieferte Johann Lukas von Hildebrandt, der auch bis 1715 den Bau leitete, 1716 kaufte Johann Franz Fürst Schwarzenberg das Palais und übergab den Weiterbau an Fischer von Erlach. In den Jahren 1720 bis 1728 wurde das Vorhaben im wesentlichen zu Ende geführt. Der Bauherr, Johann Franz Fürst Schwarzenberg, starb am 11. Juni 1732, nachdem ihn tags zuvor Karl VI. während einer Jagd versehentlich angeschossen hatte. Das Haus stellte viele bedeutende Politiker, Kirchenfürsten und Verwaltungsfachleute. In unseren Tagen ist es das Verdienst von Karl Fürst Schwarzenberg, die Bindungen zwischen Wien und den böhmischen Kronländern einer breiteren Öffentlichkeit vor Augen zu halten. Erwähnt sei hier nur sein Buch über „Die Sankt-Wenzels-Krone und die böhmischen Insignien", die z. B. 1866 vor den Preußen nach Wien in Sicherheit gebracht wurden. Ihre Rückkehr nach Prag erfolgte mit allen kirchlichen, staatlichen und militärischen Ehren. Auch andere Stücke böhmischer königlicher Zier bewahrt Wien, das 301 Jahre lang das ständige Hoflager der Könige aus dem Haus Österreich war. Die rudolfinische Kaiserkrone in der Wiener Schatzkammer zeigt auf einem Feld der Mitra eine Szene, die durch das böhmische Löwenwappen als böhmischer Krönungszug bewiesen ist.
Dieses Wappen findet sich ja auch auf der „Pestsäule" am Graben, die anläßlich der Pest im Jahre 1679 noch im selben Jahr provisorisch errichtet wurde.
Im Praghaus (I., Ruprechtsplatz 1), dessen Name noch nicht eindeutig geklärt werden konnte, wurde König Wenzel IV. von Böhmen, nachdem ihn König Sigmund den österreichischen Herzögen zur Bewachung übergeben hatte, gefangengehalten, bis ihm am 11. November 1403 die Flucht über die Stadtmauer und in die Donau in seine Stammlande gelang. Zur Zeit des im 19. Jahrhundert vorgenommenen Abbruchs befand sich das Gebäude im Privatbesitz.

Der böhmische Löwe an der Pestsäule in Wien
Seitlich die Wappen Mährens, der Ober- und der Niederlausitz
1. Bezirk, Graben

Nicht aller Palais (genannt werden sollte wohl auch das Wilczek-palais, I., Herrengasse 5) und Kunstschätze (wie etwa der Czerninschen Privat-Gemäldesammlung) kann hier gedacht werden. Auch nicht der zahlreichen tschechischen Künstler, die am Bau des Parlaments, der Staatsoper oder der Kirchen – in welcher Weise auch immer – beteiligt waren. Wenigstens zwei Kirchen seien aber kurz erwähnt:

Die heutige Erscheinung der romanischen Teile des Westwerkes am *Stephansdom* geht – so vermutet man – auf eine Bauführung zurück, die noch unter den letzten Babenbergern in der ersten Hälfte des 13. Jahrhunderts begann und nach einem Brand von 1258 unter König Přemysl Ottokar von Böhmen abgeschlossen wurde. Wenzel Parler, der Sohn Peter Parlers, der 1399 in Prag starb, gehörte mit zu den Baumeistern. 1404 errichtete er in Wien eine Art Künstlerschule, aus der auch die jüngst neu entdeckten Neidhart-Fresken im Hause Tuchlauben 7 stammen sollen. Die ursprüngliche Bauidee für den Turm wurde mit Änderungen von Wenzel Parler und dem nach seinem südböhmischen Herkunftsort benannten Peter von Prachatitz verwirklicht, den Turm vollendete Hans von Prachatitz im Jahre 1433. Unter der Kanzelstiege blickt das Reliefbild des Schöpfers der Kanzel aus einem Fenster. Die Forschung nimmt an, daß es sich um Meister Anton Pilgram aus Brünn handelt, der auch den Orgelfuß in der Nordostecke des Langhauses geschaffen hat (1513).

Die *Karlskirche,* das bedeutendste sakrale Barockhaus Wiens, wurde vom Meister des barocken Kuppelbaus, Johann Bernhard Fischer von Erlach, 1716 bis 1723 begonnen und von seinem Sohn Josef Emanuel 1723 bis 1739 vollendet. Beide kamen damals von Prag nach Wien, nachdem sie dort das Clam-Gallas-Palais (1713 begonnen), in der St. Jakobs-Kirche das Grabmal des Grafen Wratislaw von Mitrowitz (1715) und im Veitsdom das Grabmal des Grafen Leopold Schlick (1723) entworfen hatten. Von Kaiser Karl VI. wurde die Karlskirche 1738 dem von ihm nach Wien berufenen Kreuzherrenorden übergeben, der die Pfarre heute noch betreut. Heute bestehen als regulierte Chorherren nur noch die holländischen und die böhmischen Kreuzherren, letztere, zu denen auch die Wiener gehören, mit dem Sitz in Prag (1968: 38 Mitglieder).

Das Großpriorat von Böhmen des Souveränen Malteser-Ritterordens
Ordensfest 1982 in der Karlskirche

11. Wissenschaft und Wiener Universität

Die Wiener Universität bildete von altersher einen großen Attraktionspunkt für Studenten, Dozenten und Professoren aus den böhmischen Ländern. Wie in Prag, Paris und anderswo waren die Studenten nach Nationen immatrikuliert. Bis 1384 gehörten Deutsche und Tschechen zu den „Bohemi"; nach 1384, als Herzog Albrecht III. die Reformen einführte, zählten sie zu der Gruppe der „Natio Hungarica", zu der neben den aus Ungarn Kommenden auch Polen, Südslawen und Griechen hinzuzurechnen waren. Den Personen- und Ortsnamen nach stammten etwa drei Viertel der damaligen Studenten aus böhmischen und mährischen Adelsgeschlechtern deutscher Nationalität. Viele blieben in Wien und erlangten hohe Ämter oder wurden Baumeister, Ärzte, Gelehrte. Im Wien des 19. Jahrhunderts lag der bedeutendste Beitrag der Tschechen in puncto Wissenschaft auf dem Gebiet der *Medizin*. Der Pilsener *Josef Škoda* (1805–1887) und der in Nordostböhmen geborene *Carl Freiherr von Rokitansky* (1804–1878) legten in Wien das Fundament für die moderne Medizin: Škoda durch seine Technik der physikalischen Diagnostik, Rokitansky durch seine anatomische Pathologie. Tschechischer Abkunft waren auch der Neurologe *Franz Chvostek* (1834–1880) und der Dermatologe *Franz Mracek* (1848–1908), der 1876 in Wien promovierte. 1873 promovierte hier auch der Chirurg und spätere Dozent *Mauric Nedopil* (1847–1909), der von 1882 bis 1884 Vorstand der chirurgischen Abteilung der Wiener Poliklinik war und von 1885 an als Primarius im Landeskrankenhaus in Brünn arbeitete. *Franz Xaver Kurzak (Kuřák)*, ein geborener Prager, gilt als Begründer der Toxikologie. Er kam 1850, im Alter von 49 Jahren, nach Wien und lehrte hier bis kurz vor seinem Tod 17 Jahre lang als Professor an der Universität. Als persönlicher Arzt des Ministerpräsidenten Eduard Taaffe wurde *Eduard Albert* (1841–1900) von Innsbruck nach Wien berufen. Er war schon als Student von Žamberk aus in die Reichshauptstadt gekommen und förderte die tschechische Literatur; zum Teil schrieb er selbst tschechische Gedichte, die von Jaroslav Vrchlický herausgegeben wurden; zum Teil übersetzte er tschechische Gedichte anderer ins Deutsche. Seine wissenschaftlichen Publikationen waren überwiegend in deutscher Sprache

Eine Kartenpartie bei Joseph Skoda
Aquarell von Rudolf von Alt, 1866
(eines der beiden „Skoda-Interieurs")
Zu sehen sind die Professoren von Dlauhy, Skoda, Zeißl und Arlt
sowie die Doktoren Chrastina, Michalek, Peters und Regierungsrat
Dr. Latzl und als Jüngster der Sohn eines Prager Professors
namens Fritz

abgefaßt. Als Dozent für Medizin sowie als Publizist und Vorsitzender des „Tschechischen Nationalrates in Niederösterreich" wirkte *Josef Drozda* (1850–1927), Primarius des Kaiser-Franz-Josef-Spitals, von 1880 bis zur Gründung der Tschechoslowakischen Republik. Dann zog er sich nach Prag zurück. Vom tschechischen Mediziner und Afrika-Forscher *Emil Holub* (1847–1902) sind heute noch Sammlungsstücke im Hietzinger Heimatmuseum zu besichtigen.

Des Professors für slawische Altertumskunde, *Ján Kollár*, wird an anderer Stelle gedacht (s. Seite 98). Er wohnte von 1849 bis 1852 im III. Bezirk, Ecke Ungar- und Beatrixgasse. *Max Dvořák*, geboren 1874 in Raudnitz an der Elbe, gehört zu den bedeutendsten Vertretern der Wiener Kunsthistorischen Schule. Er sah seine exakten Materialforschungen stets im Zusammenhang mit der allgemeinen Geistesgeschichte. 1902 wurde er in Wien Dozent, 1905 erhielt er die Professur. Als Generalkonservator der Zentralkommission für Erhaltung der Kunst- und historischen Denkmäler (seit 1905) gab er der österreichischen Denkmalpflege entscheidende Impulse. Anfangs schrieb er noch in tschechischer Sprache. Von seinen deutschen Arbeiten sei das Buch „Von Mánes bis Švabinský" erwähnt (Wien 1909), das Wien mit der zeitgenössischen tschechischen Malerei bekannt machte.

Konstantin Jireček, gebürtiger Prager (1854–1918), erhielt im Jahr 1893 die Professur für Osteuropäische Geschichte in Wien. Er war Neffe des Rechtshistorikers *Hermenegild Jireček* (1827–1909), der den Kronprinzen Rudolf im Tschechischen unterrichtete. In die böhmische Geschichte wurde er durch den Prager Professor und Landesarchivar von Böhmen *Anton Gindely* (1829–1892) eingeführt. Gindelys Familie war väterlicherseits seit 1720 in Nagy-Károly in Ungarn angesiedelt, seine Mutter war Tschechin. Gindely kam als Tischler nach Prag und lehrte später an der Deutschen Universität. Als er starb, wurde nicht jeder Nachruf seiner Persönlichkeit und seiner Leistung gerecht. Er, der sich, wie viele Gelehrte, immer um Toleranz bemüht hat, schrieb kurz vor seinem Tod: „Inzwischen gestalten sich bei uns die Gegensätze immer schroffer; es gibt keine Versammlung, kein Institut, das nicht in kurzem seinen vermittelnden Charakter verlöre... kurz, der Zeitpunkt nähert sich hier in der Tat, in welchem man, wenn man noch Atem schöpfen will, wird erklären müssen, ob man deutsche oder böhmische Luft wolle."

Diese Zeilen könnten ohne weiteres auch im Hinblick auf Wien geschrieben worden sein. Oder gab es nicht doch auch Gegenbeispiele? *Sigmund Freud* (1856–1939) wurde erst 1902 nach langer psychotherapeutischer Tätigkeit (u. a. im Wiener Allgemeinen

Das Grabmal des Afrikaforschers Emil Holub
auf dem Zentralfriedhof

Krankenhaus, und von 1891 bis 1938 in seiner Praxis – und zugleich auch Wohnung – in der Berggasse 19) zum Titular-Professor ernannt (ao. Prof.), aber nie auf eine Lehrkanzel berufen. In unserem Zusammenhang dürfte jedoch folgendes interessant sein: Freud war im mährischen Freiberg geboren und begann 1873, als 17jähriger, mit dem Medizinstudium in Wien. Hier gehörte er zu den Gründern des „Vereins böhmischer Ärzte und Naturwissenschaftler" (Spolek českých mediků a přírodozpytců), der sich 1879 aus dem „Akademický spolek" (Akademischer Verein) herausgebildet hatte. Die Frage, ob Freud tschechisch sprach, wird in den gängigen Freud-Biographien nicht erörtert.

Wie sinnlos es in vielen Fällen ist, zur Zeit der Habsburgermonarchie zwischen Deutschen und Tschechen streng zu unterscheiden, einfach weil viele zweisprachig aufgewachsen waren, zeigt sich am Beispiel des Erfinders der Schiffsschraube, *Josef Ressel,* der 1793 in Chrudim/Böhmen zur Welt kam, oder am Ingenieur *Franz Anton Gerstner* (1796–1840). Der Prager Gerstner lehrte als Professor der praktischen Geometrie am Polytechnischen Institut in Wien und baute 1825/26 einen Teil der von seinem Vater entworfenen ersten österreichischen Pferde-Eisenbahn von Budweis nach Linz. 1834 bis 1837 entstand nach seinen Plänen die erste russische Eisenbahn St. Petersburg–Zarskoje Selo. Beide Ingenieure werden von tschechischer Seite als assimilierte Tschechen, von deutscher Seite aus als Deutsche betrachtet.

Heute ist es *Zdeněk Mlynář,* der auf Hochschulboden wohl das meiste erreichte. Als Dubček-Berater und ehemaliger Sekretär des Zentralkomitees der KP der ČSSR war er in seiner Heimat Professor für Staats- und Rechtswissenschaften bis zu seinem Ausschluß aus der Kommunistischen Partei 1970. Daraufhin verdingte sich Mlynář genau in jenem Untertauch- und Alibiberuf, in dem er in Prag bis zur Unterzeichnung der Charta 77 geduldet war: als Insektenexperte. Er arbeitete zuerst in der Käferabteilung des Prager Nationalmuseums, dann im Wiener Naturhistorischen Museum. Inzwischen bekleidet er einen Posten am Laxenburger Institut für internationale Politik und erhielt für das Sommersemester 1985 eine Gastdozentur bei den Innsbrucker Politologen. Die Streitfrage, ob er nun der tschechischen oder der deutschsprachigen Gelehrtenwelt zuzurechnen sei, stellt sich – im Gegensatz zu früher – nicht mehr.

Zwischen den nationalen Fronten:
Der tschechisch-deutsche Erfinder Joseph Ressel
Denkmal vor der Technischen Universität
4. Bezirk, Karlsplatz

12. Theater

Die erste tschechische Theateraufführung in Wien fand am 2. April 1843 im Palais Harrach statt, anläßlich des 15. Geburtstages des Grafen Jan. Gespielt wurde das Stück „Viereck" (Rohovín Čtverrohý), arrangiert und verfaßt von Václav Kliment Klicpera. Die Akteure waren Adelige der Familien Kinsky, Schwarzenberg, Harrach, Schönborn und Lobkowitz, etwa 60 Personen waren als Gäste geladen. Der Autor des Stückes, Klicpera, unterrichtete als Gymnasialprofessor in Prag und Königgrätz und wird häufig als der erste tschechische Dramatiker bezeichnet.

Theateraufführungen im exklusiven Kreis hatten damals eine gewisse Tradition. Schon 1760 sollen im Palais Kaunitz „Hannakische Operetten" aus Mähren aufgeführt worden sein.

Ein Jahr vor Ausbruch der 48er Revolution kam es im Theater in der Josefstadt zu einer Demonstration der radikalen tschechischen Jugend Wiens, die sich gegen den Kassenschlager „Der böhmische Schusterbub" richtete. Das deutschsprachige Stück war von dem Tschechen Franz Pokorny verfaßt, der auch unter dem Namen „Hofböhm" oder „böhmischer Napoleon" bekannt war. Sogar Ignaz Kurandas „Grenzboten", die damals in Leipzig erschienen, bezeichneten die Aufführung als „Posse von gemeinster Art", da sie die böhmischen Lehrbuben in Wien lächerlich machte. Ebenfalls im Theater in der Josefstadt hatte dann am 29. Dezember 1850 das erste in tschechischer Sprache aufgeführte Lustspiel „Divotvorný klobouk" (Der Zauberhut) von Klicpera Premiere. Weitere Vorstellungen folgten in den fünfziger Jahren, meist in der Winterspielzeit. Von tschechischen Schauspielern spielte von 1855 bis 1859 u. a. Jindřich Mošna an der Josefstädter Bühne, der später beim Publikum sehr bekannt und beliebt war. Josef Huňka blickte 1940 auf eine 50jährige Theaterlaufbahn in Wien zurück.

Die Beziehungen zu Prag waren von Anfang an gut: Für die Errichtung des Prager Nationaltheaters sammelten die Prager Tschechen im Jahre 1851 12.000 Gulden, die Wiener Tschechen brachten es – dank aristokratischer Initiative – immerhin zu einem Betrag von 1018 Gulden. Dementsprechend befanden sich auch im Ausschuß des Nationaltheaters zwei Tschechen aus Wien. Vor dem Ersten Weltkrieg gastierten das Prager Nationaltheater, besonders aber die Brünner Oper häufig in der Reichshauptstadt. Von tschechischen Stücken in deutscher Übersetzung spielte man

Franz Pokorný, der Verfasser des „Böhmischen Schusterbuben" und
Prinzipal des Theaters in der Josefstadt

in Wien zum Beispiel im Jahre 1903 „Přítěž" (Ballast) von Božena Viková-Kunětická im Jubiläumstheater. Im Intimen Theater führte man 1906 Jaroslav Kvapils „Oblaha" (Wolken) auf, 1909 im Raimundtheater „Maryša". Von tschechischen Schauspielern wurde zum Beispiel Vladimír Šamberg an das Volkstheater geholt. Der erste Theaterverein der Wiener Tschechen war der 1863 unter dem Protektorat des Grafen Harrach gegründete „Pokrok" (Fortschritt). Für die sozialdemokratischen Arbeiter konstituierte sich im Jahre 1904 der Theaterverein „Máj".
Das rege Interesse am tschechischen Theater hörte auch nach 1918 nicht auf. Noch im Sommer dieses Jahres gastierte das Prager Nationaltheater in Wien. Nach dem Zerfall der Monarchie war es schwer möglich, diese Gastspiele fortzusetzen. Dies führte zu einer Ankurbelung der Tätigkeit der Wiener tschechischen Theatervereine. Sie waren durchwegs auf freiwilliger Basis organisiert, die Schauspieler erhielten keine Gage. 1923 gab es elf verschiedene Laienspielvereine, die prominentesten waren immer noch der „Pokrok" und der Gesangsverein „Lumír", der in der unmittelbaren Nachkriegszeit die „Verkaufte Braut" aufführte. Daß das Niveau dieser Privatbühnen sehr unterschiedlich war, kritisierten die Wiener Tschechen selbst, etwa wenn sie hierzu schrieben: „Was sich da alles Theater schimpft!"
Nach der Konsolidierung der politischen Situation waren die Ensembles aus Brünn und Olmütz die ersten, die nach Wien kamen. Im Februar 1922 folgte ein Gastspiel des Preßburger Theaters, im Juli 1924 spielte das Prager Nationaltheater sämtliche Opern von Smetana in der Wiener Volksoper. Im gleichen Jahr stattete die Olmützer Oper Wien einen Besuch ab. Immer wieder tauchte die Forderung nach einer *ständigen* tschechischen Bühne auf. Die Vorschläge reichten von einem „Konsulartheater" über die Schaffung einer Slawischen Oper unter Mithilfe der Preßburger Theater bis zu einer von den Wiener Tschechen selbst finanzierten permanenten Bühne. Manche lehnten jedoch ein selbständiges tschechisches Theater als Illusion ab und setzten sich für Gastspiele in Wiener deutschen Theatern ein. So kam es nie zu einer befriedigenden Lösung.
Vor allem in der Hitler-Zeit entwickelte sich das tschechische Theater in Wien zu einem wichtigen politischen Ventil. Allein in den ersten beiden Monaten des Jahres 1940 fanden 50 Theateraufführungen statt. Um einer Überwachung zu entgehen, wurden die Veranstaltungen in sehr vielen Fällen verschoben oder vorverlegt, ohne daß die zuständigen Stellen davon erfuhren. Die Zusammenkünfte gingen weit über den Rahmen von Theateraufführungen hinaus, da man Ansprachen, nationale Lieder und Vorträge

einschob. Die aufgeführten Theaterstücke wurden vom Propagandaamt zensuriert. Allerdings mußte dort die Feststellung gemacht werden, daß sich die Tschechen in den meisten Fällen nicht an die Zensur hielten und oft gerade die gestrichenen Stellen wiederholten. Die Theatersäle waren mit blau-weiß-roten Fahnen ausgeschmückt, und an den Wänden hingen mitunter Bilder bekannter Tschechenführer. In vielen Stücken wurde die deutsche Wehrmacht bzw. die ehemalige österreichische Armee lächerlich gemacht oder kritisiert. In einem während einer Veranstaltung vorgetragenen Gedicht hieß es zum Beispiel: „Wohin bist du gekommen, daß du dich in einen Soldatenrock zwingen läßt?" Die Übertretung des Zensurverbotes, die unerlaubten Terminverschiebungen und das ganze Treiben der Veranstaltungen hätten Anlaß genug gegeben, diesen oder jenen Verein zu verbieten oder die Veranstaltungen auf Grund des geltenden österreichischen Pressegesetzes auf sechs im Jahr zu beschränken. Man fürchtete jedoch, die Tschechen würden dann in geheimen Zusammenkünften ihre Propagandatätigkeit fortsetzen. Daher sahen die Behörden von jeder Beschränkung der Versammlungstätigkeit ab und setzten die Überwachung in erhöhtem Maß fort.

Nach dem Krieg gab es während der Saison allmonatlich im Wiener Volkstheater tschechische Aufführungen. Sie wurden von der 1948 gegründeten Laienschauspielergruppe der Vereine „Barák" und „Máj" veranstaltet und waren sehr beliebt. Heute ist der Einfluß des tschechischen Theaters vor allem im „Theater-Brett" in der Münzwardeingasse in Mariahilf präsent. Diese Experimentalbühne wird von Nika Brettschneider und Ludvík Kavín geleitet, die vormals am „Schwarzen Theater" in Prag auftraten.

Themen der böhmischen Geschichte kamen durch den bedeutendsten österreichischen Dramatiker, den Wiener Franz Grillparzer, auf die Bühne. „König Ottokars Glück und Ende" (aufgeführt 1825) spielt im 13. Jahrhundert in Prag und Böhmen und parodiert in Ottokar nicht nur Napoleon, sondern stellt zugleich der Hybris des ichbezogenen Herrschers das entpersönlichte Kaisertum Rudolfs II. gegenüber, das „frei vom eitlen Drang der Ehre" nur dem Ruhm Gottes zu dienen sucht. Die Tragödie „Libussa" geht auf die Ahnherrin der Dynastie der Přemysliden zurück. In Grillparzers Drama (Uraufführung 1872) kann sie die paradiesische Menschengemeinschaft nicht auf die Dauer verwirklichen und muß daher die Staats- und Stadtgründung (Prag) ihrem Gatten Primislaus überlassen. Libussa geht an diesem Konflikt zugrunde, nachdem sie in prophetischen Worten das Schicksal des tschechischen Volkes vorausgesagt hat. Die Oper „Libussa" (1881) komponierte Bedřich Smetana.

13. Musik

„Es gibt außer Wien keine Stadt, das is gwiß, wo alls musikalisch und Musiker is", behauptet ein altes Wiener Couplet. Die Musik war allgegenwärtig.

Die böhmischen Musikanten in Wien werden schon zur Zeit Maria Theresias gerühmt. Ein Reisender berichtete damals von der Hofburgkapelle, ihr Orchester umfasse 24 Mann, die alle „vortreffliche Wirkung" machten. „Die beiden ersten Geiger und der Violoncellist sind Italiener – die übrigen aber fast alle Böhmen." Leopold Chimani schreibt in Band 6 seiner 1837 in Wien erschienenen „Vaterländischen Merkwürdigkeiten": „Meist kamen sie zum neuen Jahr oder zum Fasching und verdienten sich in Gasthäusern ihren Lebensunterhalt." Angeblich standen sie am Hohen Markt oder auf der Brandstätte und warteten, bis ein Gastwirt sie engagierte.

Der eigentliche „Vater des Wiener Walzers", Josef Lanner, und Johann Strauß Vater spielten zuerst im Streichquartett der Brüder Drahanek. Johann Drahanek, auch „Provonzl" genannt, war ein Spaßmacher, der bis ins hohe Alter seine harte „böhmakelnde" Aussprache nicht verlor und mit dem geflügelten Wort „Jessas, der Drahanek!" in allen Lokalen und Etablissements willkommen geheißen wurde.

Wien hatte bei den tschechischen Musikern den Vorrang vor Prag, die Polka wurde bald nach ihrer ersten Aufführung um 1830 ein europäischer Gesellschaftstanz, der die Alleinherrschaft des Walzers brach. Auch Johann Strauß schrieb ja eine Reihe von Polkas. Populär war damals der böhmische Nationaltanz Furiant, in schnellem Dreivierteltakt und rhythmisch scharf akzentuiert.

Die größte Bedeutung erlangten die tschechischen Komponisten und Künstler im 18. und 19. Jahrhundert. Bei Christoph Willibald Gluck, der wie Beethoven aus Deutschland in die Donaumetropole gekommen war, lernte Jan Ev. Anton *Koželuh* (1738–1814), der später in Prag als Kapellmeister in St. Veit großen Einfluß auf das Musikleben in Böhmen gewann. 1763 wurde *Johann Wenzel Graf Špork* Direktor der Hofmusik in Wien. Er war der erste Protektor der Vereinigung der Musikkünstler in Böhmen. *Georg Benda* (1722–1795) aus Altbenatek in Böhmen komponierte in Wien das Melodrama „Almansor und Nadine". Der Komponist *Arnošt Förchtgott-Tovačovský* (1825 bis 1874) kam im Jahre 1851 nach

Tschechische Musikanten in Wien
Favoritner tschechische Sozialisten vor der DTJ-Hütte
auf dem Tschechischen-Herz-Platz
1953

Wien und wirkte als Kapellmeister im 1861 gegründeten „Slawischen Gesangsverein".

Mit *Bedřich Smetana* (1824–1884), *Antonín Dvořák* (1841–1904) und *Zdenko Fibich* (1850–1900) drang die böhmische Musik in die breiteste Öffentlichkeit ein. Die Beziehungen Dvořáks zu Wien gehen bis ins Jahr 1874 zurück, als er sich mit einigen Kompositionen für ein Staatsstipendium bewarb. Dvořák erhielt als einziger 400 Gulden – die gesamte Summe des erteilten Stipendiums. Vorerst blieben seine Werke in Prag ungedruckt, und da spielte wieder Wien eine wichtige Rolle. In der Jury der Kommission für die Staatsstipendien saß damals *Johannes Brahms,* der Dvořáks Kompositionen seinem Verleger Fritz Simrock in Berlin empfahl. Simrock ließ Dvořáks Stücke dann mit Texten als „Klänge aus Mähren" drucken. 1878 entschloß sich Dvořák, endlich selbst nach Wien zu reisen, er wollte sich persönlich bei Brahms bedanken, traf diesen jedoch nicht an. Erst ein Jahr später klappte das Treffen. Über seine Eindrücke während dieser Zeit ist uns nichts bekannt. Hat er den berühmten Wiener Walzer in einer Originaldarbietung gehört? Auch das ist nicht zu beantworten, aber eines ist sicher: Dvořák wich dieser populärsten Tanzform Wiens nicht aus. In seiner Jugend komponierte er sogenannte „Prager Walzer", später noch acht Walzer für Klavier. Die Slawische Rhapsodie (1878) ist dadurch bedeutend, daß sie die erste Komposition Dvořáks ist, die in Wien aufgeführt wurde. Dvořák war anwesend und schrieb hierüber an einen Freund: „Sie gefiel sehr, und ich habe mich dem Publikum zeigen müssen (. . .), ich möchte Ihnen sagen, ich habe die Sympathien des ganzen Orchesters gewonnen."

Mit Brahms verband ihn engste Freundschaft. Dvořák nahm in den vornehmsten Wiener Kreisen an Festbanketten teil, zu denen auch der berühmte Arzt Theodor Billroth und der Musikkritiker Eduard Hanslick geladen waren. Der bekannte Wiener Kammersänger Gustav Walter bestellte bei Dvořák einige Lieder für Tenor und Klavier. Dvořák komponierte für ihn sieben „Zigeunerlieder", die der Sänger in Wien uraufführte. In Josef Hellmesbergers Quartett fand Dvořáks Kammermusik ausgezeichnete Interpreten. Von 1887 an besuchte Dvořák die Donaumetropole immer häufiger. 1889 empfing er den Orden der Eisernen Krone und hatte eine Audienz beim Kaiser. Im gleichen Jahr erging sein Ruf nach Amerika, und auch hier spielte Wien wieder eine Rolle: In Wien erhielt der Komponist die erste telegraphische Nachfrage hinsichtlich seines dreijährigen New-York-Aufenthaltes. Die Kontakte nach Wien hielt er während dieser Zeit ununterbrochen aufrecht. 1896 spielten die Wiener Philharmoniker Dvořáks

An die Herren Philharmoniker
in Wien.

Hochgeehrte Herren!

Hocherfreut und gerührt durch
Ihre freundliche Gratulation
beeile ich mich, Ihnen sehr geehrte
Herren Künstler, hiermit
meinen tiefst gefühlten Dank
auszusprechen zu dürfen.

In tiefster Hochachtung
Ihr dankbarer

Prag 19 20/4 01.   Antonín Dvořák

Dankbrief Antonín Dvořáks an die Wiener Philharmoniker
(Vermutlich anläßlich der Ernennung zum Mitglied des
Herrenhauses)

Neunte Symphonie. „Solch einen Erfolg hatte ich in Wien noch nie", schrieb er an Simrock. Ein Jahr später ernannte ihn der Kultusminister zum Nachfolger von Brahms in der Jury für Staatsstipendien, also im selben Gremium, das ihm einst die erste finanzielle Hilfe erteilt hatte. Schließlich folgte noch die Nominierung zum Mitglied des Herrenhauses auf Lebenszeit. Damals, um die Jahrhundertwende, war Dvořák fast ein Sechziger. 1901, drei Jahre vor seinem Tod, reiste er zum letzten Mal nach Wien.

Im Gegensatz zu Smetana, dessen Opern „Die verkaufte Braut", „Der Kuß", „Dalibor" in der Hofoper und am Theater an der Wien seit 1893 erfolgreich gespielt wurden, gelang es Dvořák zu Lebzeiten nicht, auch nur eine einzige Oper in Wien zur Aufführung zu bringen. „Rusalka" kam 1901 in Prag, aber erst 1924 in Wien auf die Bühne. Angeblich waren der Wiener Direktion die Stoffe, die Libretti, zu slawisch, tschechisch oder lokalpatriotisch. Dvořák wohnte während seiner Wien-Aufenthalte in der Wiedner Hauptstraße, in der übrigens auch Brahms, Mozart, Bruckner, Sibelius und Gluck gewohnt hatten. Heute ist an „seinem" Haus eine Gedenktafel angebracht.

Gleichzeitig mit Dvořák – oder nach ihm – weilten noch weitere seiner Kollegen in Wien, von denen hier nur drei genannt seien: *Josef Bohuslav Foerster* (1859–1951), der neben Leoš Janáček zu den damals bedeutendsten tschechischen Komponisten gehörte. Er verfaßte eine wertvolle Autobiographie, die inzwischen in deutscher Übersetzung erschienen ist („Der Pilger", 1955). *Oskar Nedbal* (1874–1930) war Bratschist im Böhmischen Streichquartett und trat als Komponist in Prag und Wien auf. Schließlich sei darauf verwiesen, daß auch der Komponist der „Badner Madln", *Karl Komzák* (1850–1905), böhmischer Abstammung war.

Maria Jeritza, die 1887 in Brünn als Jedličková zur Welt kam, war eine gefeierte Sopranistin, in der Donaumetropole ebenso wie an der New Yorker Metropolitan Opera. Ihre Selbstbiographie „Sunlight and Song" (New York/London 1924) ist bisher noch nicht in deutscher Sprache veröffentlicht.

Von den übrigen Opernsängerinnen und Opernsängern – einschließlich jener der jüngeren Generation – seien hier *Jarmila Novotná,* die in Wien ebenso häufig zu hören war, *Gabriela Beňačková-Čáp,* aus der Slowakei *Edita Gruberová, Lucia Popp* und *Peter Dvorský* genannt.

Abschließend noch ein paar Bemerkungen über den 1873 in Mährisch-Schönberg geborenen und am Tegernsee in Rottach-Egern auf dem Friedhof ruhenden *Leo Slezak,* der von 1901 bis 1926 Mitglied der Wiener Staatsoper war.

Ein „alpinisierter" Tscheche:
der Heldentenor Leo Slezak

Slezak, der – wie er selbst sagt – über seine Kindheit und Schulzeit in mehreren Büchern humorvoll und erschöpfend berichtet hat, erzählt im letzten seiner Erinnerungsbände („Mein Lebensmärchen") von seiner Lehrzeit als Gärtner, Maschinenschlosser und dem schließlich doch erfolgreicheren Weg auf die Bühnen der Hauptstädte Europas. „Eines Tages kam ein Antrag von der Wiener Hofoper." So reiste Slezak also nach Wien, wo er bei einer Ensembleprobe „in den heiligen Räumen der Wiener Hofoper weilen durfte". Direktor Gustav Mahler schickte ihm folgendes Telegramm: „Vertrag mit der Königlichen Hofoper auf diplomatischem Weg gelöst. Erwarten Sie Dienstag zu Prophet in Wien. Herzlichste Glückwünsche Gustav Mahler." Als die Ereignisse des Jahres 1938 seine liebsten Freunde zwangen, ihre Heimat zu verlassen, fühlte er sich tief vereinsamt, und sein geliebtes Wien wurde ihm verleidet: „Wie waren wir glücklich, daß wir unser kleines Haus in Egern hatten!"

Auch Slezaks Tochter Margarete, später Kammersängerin, debütierte im Theater an der Wien. „Das Kind" wurde trotz allen „Wetterns und Tobens" des Vaters dessen Partnerin und hatte sein Theaterblut geerbt.

Als Slezak in Prag gastierte, ging er jeden freien Abend zu dem populären Komiker Vlasta Burian: „Da begrüßte er mich, selbstverständlich in tschechischer Sprache (. . .) Das Schöne an der Prager Zeit war, daß der Nationalitätenhader vor uns Künstlern haltmachte und Deutsche und Tschechen in herzlicher Harmonie miteinander verkehrten (. . .). Dadurch, daß ich die tschechische Sprache in Wort und Schrift wie das Deutsche beherrschte, waren die Aufführungen in den tschechischen Theatern für mich immer ein großer Genuß." Trotzdem kritisierten die Wiener Tschechen an ihm, daß er sich nicht zu den Tschechen bekannte.

Slezak versuchte sich auch als „Dichter". Anläßlich einer Autofahrt von Wien nach Rottach-Egern mit seiner Frau Lisi entstanden die Reime:

„Die Lischi sitzt im Wagen drin,
Bum, Bum, jochjoch, frz, frz,
Wir beide, wir, wir sind aus Wien,
Poch, poch, Krk, Krk, prz, prz."

Im folgenden nun ein Blick auf das literarische Wien, soweit es mit den Tschechen etwas zu tun hat.

14. Literarisches

Mit Wien sind große Namen der tschechischen und slowakischen Literaturgeschichte verbunden: Im Februar 1820 wurde hier *Božena Němcová,* unter dem Namen Barbara Panklová, geboren, als Tochter eines österreichischen Kutschers (Johann Pankl) und eines tschechischen Dienstmädchens. 1837 heiratete sie den wesentlich älteren Zollbeamten Josef Němec. Sie verbrachte ihre Kinderjahre in der Donaustadt, die Jugendzeit dann unter der Obhut ihrer Großmutter in Ratibořice, wo ihre Eltern als Dienerehepaar bei der Herzogin von Sagan arbeiteten. Sie gilt als vorbildlich für die Entwicklung der tschechischen Prosa. Meisterhaft ist ihr autobiographischer Roman „Babička" (dt. „Großmutter", 1855), in dem das ländliche Brauchtum eines Jahres durch die zentrale Gestalt der Großmutter zu einem organischen Ganzen verschmilzt. Wien prägte auch die Feuilletonistin *Milena Jesenská,* die unter ihrem Vornamen in die Weltliteratur eingegangen ist. Sie wurde 1896 in Prag geboren, seit 1918 führte sie den Namen ihres Mannes, Ernst Polak, dem sie aus Prag nach Wien folgte. Polak war einer der vielen Geburtshelfer Franz Werfels, maliziös und von messerscharfem Profil, mit 50 Jahren noch Schüler von Moritz Schlick, dem Begründer des Wiener Kreises des Neopositivismus. Milena begann in Wien damit, für Prager Zeitungen Feuilletons zu schreiben. 1919 wandte sie sich an den Schriftsteller Franz Kafka und bat ihn um Erlaubnis, seine Texte ins Tschechische übersetzen zu dürfen. Ihre Verbindung zu Kafka hat sie in den „Briefen an Milena" dokumentiert, die erstmals 1953 erschienen. Die Sammlung ihrer Zeitungstexte wurde 1984 in deutscher Übersetzung veröffentlicht. Am 4. April 1922 schrieb sie über Wien in der liberalen Prager „Tribuna": „In Wien gibt es keine tiefen Gedanken. Es gibt keine Ideen. Sie verflüchtigen sich wie Schatten (. . .). Wien tötet Menschen, die etwas leisten wollen, auch diejenigen, die dazu die Fähigkeit haben. Gerade weil die Stadt so nett und gutmütig ist, daß man auf ihrem Pflaster nicht verhungern kann." 1944 endete Milenas Leben im KZ Ravensbrück.

Von Wien ganz besonders pessimistisch inspiriert war *Josef Svatopluk Machar.* Er kam 1864 als Arbeitersohn in Kolín zur Welt und lebte von 1891 bis 1918 als Bankbeamter in Wien. Hier verkehrte er mit den tschechischen Reichsratsabgeordneten Karel Kramář und Tomáš Garrigue Masaryk, mit letzterem war er sehr befreundet. 1916 wurde er – wie bereits erwähnt – als Mitglied der tschechischen Widerstandsbewegung „Mafia" eingekerkert. Von 1919 bis 1924 war er Generalinspekteur der tschechoslowakischen Armee, 1924 ernannte man ihn zum Mitglied der tschechischen Akademie und zum Dr. h. c. der Prager Universität. Als Dichter bekämpfte er den pathetischen Verbalismus und die zeitgenössische bürgerliche Gesellschaft. Seine nationalpolitischen Meditationen „Tristium Vindobona" (1893) sind als „Aufschrei aus Wien" mit den „Schlesischen Liedern" (Slezské Písně) von Petr Bezruč (über das Leben der schlesisch-tschechischen Bergarbeiter) verglichen worden. Sie zeigen seine Neigung zur politischen und sozialen Kritik und eine an Heinrich Heine geschulte Satire. Machar gilt als Hauptvertreter des kritischen Realismus um die Zeitschrift „Čas". Er verbrachte seine letzten Lebensjahre in völliger Zurückgezogenheit und starb 1942 in Prag. Einige seiner Werke sind auch in deutscher Übersetzung vorgelegt worden: „Das Gewissen der Zeit", „Hier sollten Rosen blühen", „Magdalena", „Rom" und „Rudolfinerhaus".

Typische Romane aus dem Leben der Wiener Tschechen verfaßte *Karel Klostermann,* der 1848 in Haag/Oberösterreich als Sohn tschechischer Eltern geboren wurde. „Za štěstím. Román ze života vídeňských Čechů." (Dem Glück nach. Roman aus dem Leben der Wiener Tschechen) erschien 1894 in Prag; 1901 folgte „Kam spějí děti" (Wohin die Kinder laufen). Klostermann, anfangs Medizinstudent und Mitglied des „Akademický spolek", war später Lehrer an der deutschen Realschule in Pilsen. Er starb 1923 in Štěkeň.

In den dreißiger Jahren erschienen von seiten der Wiener Tschechen weitere Romane über ihr Milieu in der Hauptstadt: *Václav Hrubý* schilderte in „Olšinský" das Leben eines Wiener tschechischen Studenten und Beamten (1932), und *Innocent Hošt'álek,* Postbeamter und Vereinsobmann, verfaßte „Obrázky a vzpomínky z Vídně" (Bilder und Erinnerungen aus Wien, 1936). Beide Bücher wurden nie ins Deutsche übersetzt.

Von den Slowaken ist hier vor allem der Dichter und Gelehrte *Ján Kollár* (1793 Mošovce – 1852 Wien) zu nennen, der nach einem Studium der evangelischen Theologie in Preßburg und Jena in den dreißiger Jahren des 19. Jahrhunderts mit der Schrift über die literarische Wechselseitigkeit der Slawen den unpolitischen romantischen Panslawismus begründet hat. Später befaßte sich Kollár fast ausschließlich mit philologischen, historischen und archäologischen Fragen, von 1849 an war er Professor der slawischen Archäologie in Wien.

Wie sind nun Wiens Beziehungen zur tschechischen Dichtkunst der Gegenwart? 1984 erhielt der 83jährige Nestor der tschechischen

Der Dichter und Agitator Josef Svatopluk Machar

Poesie, *Jaroslav Seifert,* den Literaturnobelpreis. Kaum einer seiner Gedichtbände ist in eine westliche Sprache übersetzt. Anders als der Roman hat die Lyrik kaum einen internationalen Markt. „Dichtung, die mit frischer Sinnlichkeit und reicher Erfindungsgabe ein befreiendes Bild menschlicher Unbeugsamkeit und Vielfalt gibt" – mit diesen Worten würdigte die Schwedische Akademie in ihrer Preisbegründung Seiferts Werk. In Wien setzt sich bereits seit Jahren eine junge Slawistengeneration für Seifert ein. Zu seinem 80. Geburtstag im Jahre 1981 fand im Volkstheater-Studio eine Seifert-Matinee statt. So wurde zumindest Wien nicht völlig überrascht durch einen „Unbekannten", den die Stockholmer Akademie in den Blickpunkt der Weltöffentlichkeit rückte. Maßgeblich an dieser Geburtstags-Ehrung mitgewirkt hat vor allem *Pavel Kohout,* dessen Name hier nicht fehlen darf. Von den derzeit, auf Grund der Ereignisse von 1968, in Wien lebenden oder dort beschäftigten Tschechen und Slowaken erlangte er als Dichter, einfallsreicher Regisseur, Dramaturg und Experimentator am Burgtheater und am Theater in der Josefstadt internationale Bedeutung. Sein Briefwechsel mit Günter Grass, „Briefe über die Grenze", erschien 1968. Der 1928 geborene Kohout postuliert – als Äquivalent zum „Prager Deutsch", d. h. „für die leider ausgestorbene Gattung der deutschen Sprache", wie sie in seiner Geburtsstadt gepflegt wurde – ein „Wiener Tschechisch". Dieses soll „zum Begriff werden für eine bedrohte", aber seiner Ansicht nach zu rettende „Gattung der tschechischen Sprache, in der die Worte wieder ihre ursprünglichen Inhalte bekommen". Im tschechischen Sprachschatz des derzeitigen Regimes sei dies aus ideologischen Gründen nicht möglich. Im April 1983 erschien ein Zeitungsartikel, in dem Kohout dem österreichischen Unterrichtsminister anbot, mit den besten tschechischen Fachkräften, die es weltweit in der Emigration gibt, zusammenzuarbeiten, „gleich, gern und gratis", um den tschechischen Kindern in Wien eine neue Fibel und ein gutes Lesebuch anbieten zu können. Daß es sich dabei nur um jene Kinder handelt, die die Komenský-Schule am Sebastianplatz besuchen, ist Kohout durchaus bewußt. Hier stellt sich nun die Frage, wie es denn um das „Wiener Tschechisch" von heute bestellt ist.

15. Wiener Tschechisch – die sprachliche Entwicklung der letzten 40 Jahre

Mit dem Wandel der äußeren Bedingungen hat sich auch die sprachliche Ebene verändert. Heute ist das Tschechische aus seiner ehemaligen Stellung um die Jahrhundertwende verdrängt, als z. B. noch 20 Prozent der Wiener städtischen Polizei das Tschechische beherrschten. Durch das Nebeneinander der beiden Sprachen kam es zu Wechselbeziehungen, die durch eine gegenseitige Beeinflussung und Annäherung charakterisiert waren. Das Tschechische nahm verschiedene deutsche, meist lokale Bezeichnungen und Ausdrücke aus der Umgangssprache auf, das Deutsche eignete sich vor allem Spezialausdrücke aus Küche und Haushalt an. Die sprachlichen Vorgänge spiegeln somit die wechselseitigen kulturellen Beziehungen wider.

Seit dem Ersten Weltkrieg änderten sich die Verhältnisse, die Einwanderung hörte auf, die Beziehungen zum Mutterland wurden immer mehr von den Behörden gelenkt. Früher kamen mit jeder Einwanderung stets neue Impulse aus dem tschechischen Stammland, die Möglichkeit einer ständigen Regeneration war gegeben. Nun waren die Wiener Tschechen sprachlich auf sich allein gestellt. Durch die ständige zahlenmäßige Abnahme der Tschechen verschob sich auch das Milieu immer mehr zum Deutschen hin. Die ehemals wechselseitigen Verflechtungen wandelten sich zu einer starken einseitigen Beeinflussung des Tschechischen durch das Deutsche, wobei das Tschechische von seiner früheren „öffentlichen" Stellung immer mehr in den Privatgebrauch abgedrängt wurde. Es mußte nun für sämtliche neu aufkommenden Begriffe eigene Termini schaffen, sei es durch Neuschöpfungen oder durch Lehnübersetzungen, um die Sprache möglichst vor einer Flut von Fremdwörtern zu bewahren. So bemühten sich vor allem die Komenský-Schulen und die Wochenblätter aktiv, gegen ein Überhandnehmen der Germanismen aufzutreten. Während des Zweiten Weltkriegs war die Wiener tschechische Umgangssprache mehr denn je in den Hintergrund gedrängt. Nach geraumer Zeit gelang es, die Schriftsprache wieder stilistisch zu festigen. Anfangs hatten die Bemühungen der Presse und der Schulen kaum einen Einfluß, erst in den sechziger Jahren zeigten sich Tendenzen, die deutlich schulsprachliche Normen befolgten.

Zur Ausbildung einer eigenständigen Literatur größeren Umfangs kam es nicht, die Schriftsprache fand im wesentlichen nur in den wenigen Zeitungen und Broschüren Anwendung. Die Zahl der Träger der Schriftsprache ist ja auch auf nicht allzuviele Personen beschränkt, die über eine entsprechende sprachliche Bildung bzw. Sicherheit im richtigen Sprachgebrauch verfügen. Diese sprachliche Bildung ist individuell und graduell sehr verschieden. Bei den meisten geht die Schulbildung in der tschechischen Unterrichtssprache nicht über vier Klassen Volksschule hinaus, wesentlich weniger Personen besuchten die tschechischen Schulen über acht Jahre hinweg, die meisten besitzen überhaupt keine tschechische Schulbildung. So kommt es, daß gleichzeitig verschiedene Sprachschichten bzw. Sprecher mit verschiedenem sprachlichen Niveau die Umgangssprache bestimmen, sodaß sich die Frage erhebt, ob man überhaupt von einer „Umgangssprache" schlechthin reden kann. Wenn, dann wohl nur als Gegenstück zur „Sprache des Schrifttums". Dadurch, daß die Tschechen in Wien in keinem geschlossenen Siedlungsraum wohnen, kann es wohl kaum zu einem Ausgleich größeren Ausmaßes innerhalb der gesprochenen Sprache kommen.

Die Ausgangsbasis für das Wiener Tschechisch bildet – allgemein ausgedrückt – das „Gemeintschechisch", vereinzelt kommen noch verschiedene Dialekt-Elemente hinzu. Das Nebeneinander des Deutschen und des Tschechischen sowie der Umstand, daß der Großteil der Sprecher beide Sprachen beherrscht, ermöglicht Entwicklungen und Formen, die im Gemeintschechischen nicht möglich oder nur in Ansätzen vorhanden sind. Gemeinsam haben diese Abweichungen und Sonderformen die Tendenz zur Vereinfachung, sowie zur Anlehnung an das Deutsche. Die Tendenz zur Vereinfachung zeigt sich besonders in der Flexion, wobei hier vielfach ein Ausgleich der Formen angestrebt und zum Teil auch erreicht wird. Zwei weitere Beobachtungen lassen sich machen: Einerseits sind es Erscheinungen einer älteren Entwicklungsstufe, etwa der Hang zu altertümlichen Formen, andererseits ist es die Verwendung zahlreicher Fremdwörter, in erster Linie aus dem Deutschen oder vermittelt durch das Deutsche. Fremdwörter werden aus verschiedenen Gründen aufgenommen, sei es, um bestehende Lücken im Vokabular zu füllen, sei es, weil der einzelne Sprecher im Lauf des Gespräches auf den einen oder anderen Ausdruck gerade nicht „umschalten" kann oder ihn überhaupt nicht „parat" hat. Deshalb bringt er seinen Gedanken dann in der deutschen Form. Weil das Deutsche von so gut wie allen Sprechern beherrscht wird, ergeben sich dadurch keinerlei Verständigungsschwierigkeiten. Abgesehen von diesen „Verlegenheitsentlehnungen" werden deutsche Wörter manchmal auch bewußt gesetzt, um entweder das deutsche Milieu in einem Gespräch hervorzuheben oder einen Begriff besonders zu nuancieren, wenn dies dem Sprecher mit tschechischen Ausdrucksmitteln nicht möglich ist. Ein Eindringen deutscher Wörter in das Tschechische ist hier unvermeidlich.

Als typisch für das Wiener Tschechisch kann daher allgemein die relativ große Zahl von deutschen Fremdwörtern gelten, die bei der Konversation verwendet werden. Das Schrifttum verhält sich eher konservativ und setzt derartige Fremdwörter nach Möglichkeit nicht. Häufig werden deutsche Formen (Idiome) direkt übersetzt oder sogar vollständig kopiert, dabei wird manchmal gegen die Struktur des Tschechischen verstoßen bzw. diese der deutschen angepaßt. Beispiele hierfür sind in Schriftsprache und Umgangssprache gleichermaßen vertreten. Mit dem Verlust des feinen Sprachgefühls machen sich Unsicherheiten und Abweichungen bemerkbar, die vom Gemeintschechischen her nicht erklärt werden können.

Somit ist das sprachliche Niveau in einer langen Reihe abgestuft, von der gehobenen Umgangssprache bis zum sogenannten „Kuchelböhmisch", das durch eine große Labilität der grammatischen Formen und durch eine starke Anlehnung an das Deutsche gekennzeichnet ist. Dieses Sprachgemisch gibt dem Wiener Tschechischen ein eigenartiges Gepräge, das im Gemeintschechischen nicht vorhanden ist. Hier hat sich die Wiener tschechische Umgangssprache vom Gemeintschechischen bedeutend entfernt. Einige Beispiele mögen dies verständlicher machen. Die Lautschrift wird hier nicht in der üblichen phonetischen Transkription wiedergegeben, um die Lesbarkeit zu erleichtern (x = ch).

1. *seš starej faulencr, bješ k fosrlaitunku, ho:luj vodu a pomoš mi pucovat fo:rcimru, ale ordentlix.*
Du bist ein alter Faulenzer, lauf zur Wasserleitung, hol' Wasser und hilf mir das Vorzimmer putzen, aber ordentlich.
2. *nen'i: to jako dři:ve, abr vas sak ix, dři:ve si to nemohli erlaubovat, pančovat mli:ko jako dnes, svinstvo so vas.*
Das ist nicht wie früher, aber was sag ich, früher konnten sie sich das nicht erlauben, die Milch zu pantschen wie heute, Schweinerei, so was.
3. *an'i si nemu:žete přetstavit, jak sme se tješili, gdiš sme dostali tu frštendikunk, že anke:plix bude njejakej vo:nunk frai, ale hofentlix dostaneme ho aux virklix.*

Ihr könnt euch gar nicht vorstellen, wie wir uns gefreut haben, als wir die Verständigung erhielten, daß angeblich irgend eine Wohnung frei wird, aber hoffentlich bekommen wir sie auch wirklich.

4. *tak viďi:te, tročuįe po celeį den, a kuntšofti nexa: čekat.*
Da seht ihr, sie tratscht den ganzen Tag und läßt die Kundschaft warten.

5. *dobrou vi:rečnost ma:, ale fraįlix fšecko je jenom i:buņk.*
Er hat eine gute Aussprache, aber freilich, alles ist nur Übung.

6. *jo:, jo:, to ma:te u:plně rext, ja bix ho taki koupila, pěkni: štof, ale drahi:.*
Ja, ja, da haben Sie völlig recht, ich würde ihn auch kaufen, ein hübscher Stoff, aber teuer.

Die Schriftsprache der Wiener Tschechen zeigt natürlich ein gemäßigtes Bild. Hier gibt es verschiedene Elemente, die vom Schrifttschechischen ausgehen, als nicht schriftsprachlich gelten, aber jedenfalls auch oft den Rahmen des Schriftsprachlichen überschreiten. Insgesamt gesehen handelt es sich beim Wiener Tschechisch um einen überaus vielfältigen und keineswegs einheitlichen Komplex, dessen Charakteristika für jeden Sprachforscher von Interesse sein dürften.

16. Tschechisches im Wienerischen – das Böhmakeln

Natürlich gab und gibt es nicht nur Einflüsse der deutschen Sprache auf das Wiener Tschechisch: Zur Zeit der Hochblüte tschechischer Kultur in Wien hatte das Tschechische einen nicht unbedeutenden Einfluß auf die Wiener deutsche Umgangssprache. Diese Einflüsse sind heute nur noch zum Teil sichtbar. Aufs Ganze gesehen hat sich im Lauf der Zeit nicht nur der Lautbestand des Wienerischen dem Tschechischen genähert, es wurden auch Elemente aus dem Wortschatz ausgetauscht und grammatikalische Besonderheiten adaptiert, vor allem bei der Verwendung von Präpositionen. Auch hierzu einige Beispiele, wie sie der Wiener mit Selbstverständlichkeit gebraucht, ohne unbedingt ihren tschechischen Ursprung zu ahnen:

auf d'letzt – naposledy;

an Groschen auf a Stück Brot – na kousek chleba;

auf etwas vergessen – zapomínat na něco;

das steht nicht dafür (das lohnt sich nicht) – to nestojí zato;

das ging sich mir nicht aus (das schaffte ich nicht) – to mi nevyšlo und: to se mi nepovedlo.

Tschechische Wörter wurden übernommen in den Wendungen:

auf lepschi gehen (lepší = besser): einen Seitensprung machen, sich einen guten Tag machen.

Feschak (fešák): fescher, sehr männlich aussehender Kerl, verwendet von Elias Canetti in „Die Blendung" („Wozu braucht der Feschak die Intelligenz?") und von Karl Kraus in „Die letzten Tage der Menschheit" I („No, bist a Feschak, kommst halt also zu was").

heidipritsch (pryč = fort, hinweg): weit weg von hier aus dem Staub. Bei Johann Nestroy „Der Talisman" („Gesetzt, lieber Abgeordneter, ich wär jetzt schon heidipritsch gewesen?").

Kaluppen (Chaluppen) (chalupa): kleines altes, meist baufälliges Haus. In Johann Nestroys „Frühere Verhältnisse" („...wo halt dein früherer Hausknecht g'wohnt hat; is a schöne Chaluppen").

Pawlatsche (pavlač): Umgang am Haus, Hängeboden. Pawlatschentheater: Bretterbühne in der Vorstadt, evtl. im Freien.

petschiert sein (pečet'): ruiniert sein. Das Verb jemanden petschieren – jemanden in eine unangenehme Lage bringen – ist kaum noch bekannt. Bei Karl Kraus „Die letzten Tage der Menschheit" II („Nicht wanken und weichen / die Mannschaft ziert / Fahren S' über Leichen / sonst sind wir petschiert!").

Pfrnak (frnák): scherzhaft: große Nase.

pomali (pomalu): langsam. In Heimito von Doderers „Dämonen": „Wir sind schön pomali dahingezogen."

schetzkojedno (všecko jedno): alles eins, alles egal.

Schestak (šesták): das alte Sechserl, Kreuzerstück.

trischacken (držák = Halter, Träger): verprügeln, schlagen. Bei Karl Kraus, „Die letzten Tage der Menschheit", I, über Österreich: („Weil es ungestört von der Welt Serbien trischacken wollte").

Hierbei finden sich, erklärlich durch den Schwund des Wiener Tschechentums, verschiedene Ansichten, was veraltet sei und was nicht. Während zum Beispiel die Sonderreihe zum Großen Duden in dem Band „Wie sagt man in Österreich?" (1969) noch als gängige Aussprüche *„Rozumisch haben"* (= Verstand haben) oder *„Taschlowitz"* anführt (eine Art geographischer Scherzausdruck für „in das Geldtäschchen greifen" – „Der Schluß bei jeder Landpartie ist immer Taschlowitz!"), empfinden die Wiener von heute die Wendungen als veraltet. Sicher gilt dies für den *„böhmischen Zirkel"* (so wurde die gewisse Handbewegung genannt, die das Stehlen bezeichnet), für *„tam leschi"* (= dort liegt er, literarisch verwendet von Vincenz Chiavacci in „Bei uns z' Haus"); es gilt auch für *povidalen* = tschechisch sprechen, für *Naschi-Waschi* (ein Hasardspiel, ähnlich wie „Meine Tante – Deine Tante"), für *Leschak* (ležák) = Lagerbier und für den Spitznamen der Tschechen, nämlich „Copaken", nach ihrer Frage „Co pak?" = „Was denn?"

Auch der Ausdruck *„Böhmak"* gilt als veraltet, der abwertend einen eigensinnigen trotzigen Menschen bezeichnet, der noch dazu radebrecht, also schlechtes Deutsch spricht. Das Verbum *„böhmakeln"* dagegen ist heute noch ein Begriff. In den deutschsprachigen Gebieten der Habsburgermonarchie erfüllte das Böhmakeln die gleiche Funktion wie in Deutschland das Sächseln. Worin bestand es nun, dieses Böhmakeln, das in unseren Tagen wohl nur noch von wenigen, wie etwa Heinz Conrads und Fritz Muliar, beherrscht wird? Natürlich waren da noch Hans Moser und Alfred Neugebauer, die das „Böhmakeln" vollendet vortrugen. Friedrich Torberg nennt es „eine bei aller Härte behagliche Sprachtönung, der immer ein wenig Küchengeruch zu entströmen schien und die sich für eine bestimmte Gattung heimtückisch marinierten Humors vortrefflich eignete". Es wurde zu Zeiten gepflegt, als – um ein populäres neueres Wienerlied zu zitieren – „Böhmen noch bei Österreich war" und als Kaiser Franz Joseph, weil er so gerne

Die Hohe Schule des Böhmakelns:
Fritz Imhoff als Bäckermeister Zopak in Nestroys
„Eisenbahnheiraten"
Theater in der Josefstadt 1960

spazieren ging, den Wienern und Pragern unter dem Spitznamen „der alte Prochaska" geläufig war (procházka = der Spaziergang). Das Titelbild einer Prager Illustrierten hatte nämlich den Kaiser bei der Eröffnung einer Brücke über die Moldau gezeigt, mit dem Untertitel „Procházka na mostě", zu deutsch „Spaziergang auf der Brücke".

Das „Böhmakeln mit den Füßen", das den Gang der Tschechen parodierte, wurde vom Komiker Eisenbach auf die Bühne gebracht: ein unregelmäßiger Schritt, schlurfend, hinkend und manchmal mit einer Art von Sprung darin.

So wie das Jüdeln zum Witzeerzählen, so gehörte das Böhmakeln zum Parodieren. Es war ein unentbehrlicher Bestandteil im Arsenal der schauspielerischen Mittel des Wieners und hatte mit Wörtern wie „Strizzi" (= Strolch, Zuhälter, aus dem Italienischen, nicht vom tschech. strýček = Onkel), „Tschecherl" (kleines Wirts- oder Kaffeehaus aus dem Jenischen, einer Zigeunersprache) oder mit Pallawatsch (ital. = Durcheinander, Blödsinn) ebenso wenig zu tun wie das Kuchelböhmische, das auf deutsche Wortstämme tschechische Formen aufpfropfte. Die zahlreichen Couplets und Heurigenlieder, die sich mit den Wiener Tschechen befassen, waren von Anfang an auf Komik, allerdings zunächst auf zärtliche Spötteleien, ausgerichtet. Erst um die Jahrhundertwende verschärfte sich der Ton.

„Amors Kramerhütte" zum Beispiel ist zu finden in einem Druck „Vier schöne neue weltliche Lieder" bei Ignaz Eder, Kupferstichhändler auf dem oberen Jesuiterplatz oder sogenannten Schulhof, 1807. Hier liegt ein schönes Beispiel für die Weltoffenheit Wiens vor. „Eine schöne Pragerin" wird uns geschildert, die ihren „böhmischen Dickschädel" mit folgenden Worten zum Ausdruck bringt:

> „Weil ich eine Böhmin bin,
> Hab ich auch den Eigensinn,
> Mir kein anders Herz zu kaufen.
> Weder deins, noch aus dem Haufen."

In dem Lied „Der Wiskočil", das wohl aus der zweiten Hälfte des 19. Jahrhunderts stammt, werden die Wiener Böhmen in fünf Strophen aufs Korn genommen, ihre Musikalität spielt dabei ebenso eine Rolle wie die Vorliebe für gutes Essen:

> „Wer ist beim Veteranen-Corps,
> Hat musikalisch feines Ohr,
> Und ist dabei bei jeder Leich,
> Besonders, wenn der Tote reich!

Blast Bombardon dort mit Gefühl:
Der Wiskočil.

Die Frau von Zell, die kommt nach Haus
Und geht gleich in die Kuchel naus;
Da sitzt ein Fremder bei der Rein
Und haut grad Zwetschenknödel ein.
Wer ist das? fragt s' die Köchin still:
Der Wiskočil."

Ein ähnliches Lied mit dem Refrain „*O Zavadil,* o Zavadil, hast du denn gar kein Schamgefühl" erregte den Protest der Prager Zeitungen, als es auf der Internationalen Jagdausstellung in Wien im Jahre 1910 gesungen wurde.

Im positiven Sinne erklangen vor dem Ersten Weltkrieg beim Heurigen durchaus noch Zeilen wie „Wien ist Wien, aber ohne Tschechen wär's hin."

Zu den urwüchsigen Volkssängern gehörte, neben Edmund Guschelbauer, vor allem „das Lercherl von Hernals", namens Luise Montag. Eigentlich hieß sie Aloisia Pintzger und dann Plechaczek, nach ihrem Mann, dem Volkssänger „Plecherl". Auch die „Fiakermilli" war damals berühmt, die als Emilie Tureček zur Welt gekommen war. Heute ist uns der „Travnicek", benannt nach einer Kabarettfigur, zum Begriff geworden als jemand, der die Gewohnheiten eines Banausen oder Kleinbürgers in typischer Weise zur Schau trägt und der für das im Ausland Gebotene nicht das geringste Interesse zeigt. Travnicek am Mittelmeer, Travnicek beim Apotheker, im Schuhgeschäft, auf der Wiener Messe: Helmut Qualtinger und Carl Merz sind mit diesen Szenen zum Inbegriff des Wiener Brettls geworden.

„Es sind gerade die Travniceks, die Travnicek am liebsten zitieren", schrieb „Die Presse" am 3. Mai 1969. Travniceks oder Nicht-Travniceks: Alle Wiener verweisen zuerst auf das Wiener Telefonbuch, wenn es um tschechische Namen geht, als ob es nicht auch Tschechen gegeben hätte, die rein deutsche Namen trugen: so etwa der tschechische Glasarbeiter und sozialdemokratische Reichsratsabgeordnete Josef Steiner (1862–1912), der in Wien die Jednota „Máj" mitbegründet hat.

17. Tschechische Familiennamen in Wien

Das Zusammenleben von Deutschen und Slawen im alten Österreich hat – generell betrachtet – eine dauerhafte Spur in den
Wiener Familiennamen hinterlassen. Insofern ist das Wiener
Telefonbuch – wie gesagt in Grenzen, aber dennoch – eine
Fundgrube. Auch wenn viele tschechische Namen eingedeutscht
wurden, so ist doch die ursprüngliche Bedeutung meist noch
erkennbar.
Eine 1972 veröffentlichte namenskundliche Dokumentation hat
14.300 tschechische Namen aus Herolds Adreßbuch interpretiert
beziehungsweise übersetzt, zu denen in Wien 198.110 Namensträ-
ger gehören. Die hier verzeichneten Namen bilden den Großteil
des gesamten, in der Tschechoslowakei vorkommenden Bestandes
an tschechischen Familiennamen, die man vereinzelt auf dem
ganzen Gebiet der Republik Österreich vorfinden kann.
In verschiedene Gruppen eingeteilt, finden wir folgende Typen:
Personennamen (33 Prozent aller Namen), zum Beispiel Jakubík
(aus Jakob). Zu den *Standesnamen* gehören Kralik (König),
Zeman (Landadeliger), Vejvoda (Herzog), Kapral (Korporal),
Popek (Pfaff); zu den *Berufsbezeichnungen:* Rybař (Fischer),
Kovař (Schmied), Prowaznik (Seiler), Kozeluh (Gerber), Krejčí
(Schneider), Kutschera (Kutscher), Tesar (Zimmermann), Zahrad-
nik (Gärtner).
Ortsnamen und die daraus abgeleiteten Herkunftsnamen, zum
Beispiel Pražák, Pražan (Prager).
Die von einem *Verbum* abgeleiteten Namen, die eine *Tätigkeit*
bezeichnen: Blabodil (er schwatzte), sinngemäß: einer, der gern
schwatzt; Doleschal (er hat hingelegt), Dostal (er hat bekommen),
Coufal (er ist gewichen), Dohnal (er hat eingeholt). Hierzu gibt es
auch verneinte Formen: Nehledil (er hat nicht geschaut), Nedbal
(er hat nicht darauf geachtet), Netopil (er hat nicht zugetrun-
ken [!]), Nebehaj (lauf nicht!), Nestroj (bau nicht!), Woprschalek
(er ist abgeblüht).
Rufformen (im Deutschen unbekannt): Havle (Vokativ zu Havel),
Mišo (zu Miša).
Überraschend groß ist die Fülle von *Verkleinerungen* und *Kose-
formen* zu einzelnen Taufnamen: zu Johann: Jan(acek), -cik,

110

-ka, -ko, -ku, -osch, -oschek, -ota oder Pavlíček aus Pavel (= Paul). Häufig sind auch *Vogelnamen:* Hawranek (Rabe), Holub, Holaubek (Taube) und *Hauszeichen:* Anděl (Engel), Kotva (Anker).
Setzt man die mit Sorgfalt ermittelte Zahl von 198.110 Inhabern tschechischer Namen ins Verhältnis zur Gesamtzahl der 737.350 Hauptmieter Wiens, so ergibt sich für die Einwohner mit tschechischen Namen ein Anteil von etwa 27 Prozent. Dabei fällt einem ein Bonmot aus der Zeit vor 1914 ein: „Wenn drei Wiener zusammensitzen, so ist der erste ein Bukowiner (Anspielung auf die Wiener Juden), der zweite ein Protiwiner (Protivín: Stadt in Mähren), der dritte ist ein echter Wiener."
Am meisten verbreitet sind folgende Namen: Novak („ein neu eingezogener Bewohner"), mit mehreren Schreibweisen, 2020mal, Svoboda (Freiheit), 1628mal; Dvořak (Hofmann), 1310mal; Novotny (Neumann), 1122mal; Prochazka (Spaziergang), 1005mal; Černy (Schwarz), 911mal; Vesely (Fröhlich), 758mal; Polak (Pole), 719mal; Jelinek (Hirschlein), 707mal; Fiala (Veilchen), 670mal.
Mannigfach sind die Eindeutschungen der Schreibung, das heißt das Ersetzen der fremden Buchstaben durch deutsche beziehungsweise das Weglassen der diakritischen Unterscheidungszeichen: Dadurch wurde die ursprüngliche Bedeutung oft sehr verdunkelt: Kohout (Hahn) ergibt Gohut, Kolař (Wagner) wird zu Golarz, Kinsky zu Ginzkey.
Zweifellos könnte die Übersetzung von Prominentennamen aus Politik, Journalismus und Sport im Wien der Gegenwart manchem ein Schmunzeln entlocken: Blecha = Floh, Sekanina = Faschiertes, Hrdlička = Turteltaube, Vodopivec = Wassertrinker, Nemec = der Deutsche, Prohaska = der Spaziergang. Um die Jahrhundertwende fand dieses Thema noch Ausdruck in Couplets, wobei solche Lieder vom Sänger häufig mit dem Ausruf beendet wurden: „Servas Březina, rufen alle Leut'!" Da sang man zum Beispiel:

„Die Müller, die Huber, die Meier, die Schmid,
Die san längst verschwunden aus unserer Mitt';
Marchetti, Mastrozzi, die sterb'n alle aus,
Jetzt liest man fast auf jedem Haus
Den Krentschek, den Tschinek, den Wlassak – ui jeh,
Beim Aussprechen tut ein'm die Zunge fast weh.
Der Bossak, der Zwittak san in Compagnie,
und der Krepatschek wohnt vis-à-vis."

Ein dichteres Zusammenwohnen der Tschechen gilt jedoch höchstens für die an der Peripherie gelegenen Arbeiterbezirke Favoriten (X.) und Brigittenau (XX.). Dort wohnten im Jahre 1910 pro Haus

111

durchschnittlich acht Personen mit böhmisch/mährisch/slowakischer Umgangssprache. Sie arbeiteten in den Ziegeleien im Süden der Stadt, daher auch der Ausdruck „Ziegelböhm". Durch Victor Adlers berühmte Sozialreportage in der sozialdemokratischen Zeitschrift „Gleichheit" vom Jahre 1888 über das Leben der „Ziegelböhm" und deren mehrfache Ausbeutung durch die Wiener Ziegelwerke erhielt die Favoritner Arbeiterbewegung entscheidenden Auftrieb. Ein Überbleibsel aus der böhmischen Vergangenheit Favoritens ist der sogenannte „Böhmische Prater" auf dem Laaer Berg, der 1885 gegründet wurde. Allerdings hat er mit der tschechischen Volksgruppe im eigentlichen Sinn nichts zu tun.

Eine „Kolonie slowakischer Hausierer" bestand in den letzten Jahrzehnten vor dem Ersten Weltkrieg in der ehemaligen Fischerkolonie in der Nikolsdorfer Straße in Margareten (V.). Die Häuser wurden 1911 aufgekauft und demoliert.

Insgesamt gesehen gab es niemals auch nur den geringsten Ansatz zur Herausbildung eines geschlossenen tschechischen oder slowakischen Viertels. Slawische Siedlungsnamen in Wien dürften allerdings bereits im 6./7. Jahrhundert vorhanden gewesen sein.

18. Wiener slawische Siedlungsnamen und Straßennamen aus der Geschichte der böhmischen Länder und der Slowakei

Die Herkunft der Siedlungsnamen auf dem Boden Wiens war schon für die Wiener Tschechen vor dem Ersten Weltkrieg ein Thema von Interesse. So verfaßte zum Beispiel der tschechische Jurist, Journalist und Vereinsfunktionär Karel Živný im Jahre 1911 ein deutschsprachiges Buch mit dem Titel „Das Stammland der Monarchie", das die slawischen topographischen Namen zum Gegenstand hatte.

Im Bereich Groß-Wien findet man mehrere slawische Namen, wenn auch nicht in allen Fällen die Herkunft einwandfrei geklärt werden konnte: Stammersdorf zum Beispiel hat seinen Namen wahrscheinlich nach seinem Gründer „Stojmir", der slawischer Abkunft war. Ein erheblicher Teil der slawischen Namen bezeichnete ursprünglich Gewässer. Liesing, Währing, Döbling, Mödling sind nicht sogenannte echte -ing-Namen, sondern diese -ing-Endungen haben sich aus den slawischen Suffixen -ik, -ika, -nik, -nika, die immer der Bezeichnung von Gewässern dienten, entwickelt. Liesing ist nach dem Fluß Liezziniccha, altslawisch Lěsinica (= Waldbach), benannt. Auch Währing ist ursprünglich ein Bachname, altslawisch Varica, das heißt „der siedende Bach". Ebenso wie bei Döbling, das sich als altslawisch toplica „warmer Bach" vorstellt, kann bei Währing (heißer Bach) an eine Fortsetzung der Badener–Vöslauer Thermenlinie nach Norden gedacht werden. Die warmen Quellen sind in Währing und Döbling inzwischen versiegt. Bei Mödling handelt es sich ebenfalls um einen Flußnamen, altslawisch Mêdiilića (= Grenzbach).

Auf die einstigen engen geographischen und kulturellen Verbindungen von Wien mit den Ländern der Wenzelskrone verweisen bis heute noch viele Wiener Straßennamen, die an Persönlichkeiten, Sagengestalten oder historisch bedeutsame Städte erinnern

sollen. Auffallend ist – bei den Personennamen – die einge-
deutschte oder sogar fehlerhafte (Jiricek!) Schreibweise. Hierzu ein
paar Beispiele:

Am Tabor, II.; Taborstraße, II. und XX.
Herzog Albrecht V. ließ zur Abwehr der Hussiten im ersten Drittel
des 15. Jahrhunderts am zweiten Donauarm bei Wien eine
Verschanzung errichten, die auch die dortige Brücke sicherte und
die die Bezeichnung „Tabor" erhielt. Die Befestigung wurde in der
Art errichtet, wie sie der Hussitenführer Jan Žižka bei der so gut
wie unüberwindlichen Hussitenburg Tabor in Böhmen zuerst
angewandt hatte. Der Wiener Tabor war von jeher ein strategisch
wichtiger Punkt, der sich schon in den Kriegen der Jahre 1425 und
1441–1446 als eine Hauptverteidigungsstellung gegen Böhmen und
Mähren bewährte.
Brünner Straße, XXI. (Floridsdorf, Groß-Jedlersdorf, Stammers-
dorf)
Sie wurde schon 1736 als Poststraße nach Brünn erbaut.
Clemens-Hofbauer-Platz, XVII. (Hernals)
Clemens M. Hofbauer (1751–1820): Gründer und Stifter des
Redemptoristenordens in Österreich.
Czerningasse, -passage und -platz, II.
Johann Rudolf Graf Czernin, 1757–1845: altes Grafengeschlecht,
das schon seit 1683 im Besitz dieses Gebietes war, dessen
Aufteilung in verschiedene Baustellen schließlich im Jahre 1813 er-
folgte.
Dvorakgasse, XIII. (Speising, Siedlung „Hermeswiese")
Max Dvořák, 1874–1921: Kunsthistoriker, publizierte zuerst tsche-
chisch, dann deutsch.
Hlavacekweg, XIV. (Unter-Baumgarten)
Professor Anton Hlaváček, 1842–1926: Landschaftsmaler, begann
zuerst als Anstreicher und kam im Jahre 1859 an die Akademie. Er
gestaltete den Wiener Rathauskeller und war ein Mäzen der
jungen Künstler.
Holubstraße, II.
Dr. Emil Holub, 1847–1902: tschechischer Mediziner und Afrika-
forscher. Häufig Gast in der „Slovanská beseda" und im „Akade-
mický spolek".
Jiricekgasse, XXI.
Dr. Konstantin Jireček, 1854–1918: Universitätsprofessor für
Geschichte und slawische Philologie. Begründer der slawischen
Geschichtsschreibung und Altertumskunde in Österreich, Mitglied
der Akademie der Wissenschaften, Enkel des berühmten Slawisten
und slowakischen Historikers Pavol Jozef Šafárik.

Kinskygasse, XXIII. (Inzersdorf)
Maria Rosa Aloisia Katharina Fürstin von Kinsky, 1783–1802, Besitzerin der Herrschaft Inzersdorf.
Leo-Slezak-Gasse, XVIII. (Währing)
Leo Slezak, 1875–1946: Kammersänger, Heldentenor der Wiener Staatsoper.
Libussagasse, X. (Ober-Laa)
Libussa: böhmische Sagengestalt, angeblich Gründerin von Prag, Ahnherrin der Přemysliden.
Lobkowitzplatz, I.
Wenzel Eusebius Fürst Lobkowitz, 1609–1677: österreichischer Feldmarschall.
Nepomukgasse, II.
Johann von Pomuk (Nepomuk), etwa 1350–1393: Erzbischöflicher Generalvikar, Landespatron von Böhmen.
Nostitzgasse, XXI. (Donaufeld)
Johann Nepomuk Graf von Nostitz-Rieneck, 1768–1840: Feldmarschalleutnant.
Prager Straße, XXI. (Floridsdorf, Groß-Jedlersdorf, Jedlesee und Strebersdorf)
Haupt- und Landstraße, die nach Prag führt. Älteste Straße in Floridsdorf, erbaut 1728–1736.
Preßburger Gasse, XXI. (Groß-Jedlersdorf)
Preßburg, heute Bratislava, Hauptstadt der Slowakei, ehemals ungarische Krönungsstadt (1526–1784).
Skodagasse, VIII.
Dr. Josef Ritter von Škoda, 1805–1881: Universitätsprofessor für Medizin in Wien.
Taborstraße, II., XX., siehe Am Tabor.
Tyrnauer Gasse, X. (Favoriten)
Tyrnau: Stadt in der Slowakei bei den Kleinen Karpaten. Die 1635 gegründete Universität wurde von Maria Theresia 1777 nach Ofen verlegt.
Wenzelgasse, XX.
Wenzel der Heilige, Herzog von Böhmen, um 910–929: begünstigte den Anschluß Böhmens an das Deutsche Reich und die Christianisierung des Landes. Böhmischer Landespatron.
Znaimer Gasse, XXI. (Jedlersdorf)
Znaim: südmährische Stadt an der Thaya.

19. Sport

Unter den Wiener tschechischen Vereinen spielte der Turn- und Leibesübungsverband „Sokol" (Falke) eine wichtige Rolle für die Entfaltung des nationalen Bewußtseins. „Was ist eigentlich ‚Sokol'? Ein Verein? Durchaus nicht. Eine Organisation? Allerdings. Mehr noch – es ist eine Institution. Sokol ist in der Tat das einzige organische Ganze in unserem Volk, ein fester Kernpunkt im nationalen Nebelmeer", hieß es 1908 im alljährlich erscheinenden tschechischen Wiener Nationalkalender. Der Sokol entstand 1862 in Prag aus ursprünglich deutschen und tschechischen gemeinsamen Bestrebungen. Auf der Basis kleiner Turnvereine aufgebaut, sollte die ganze Nation durch Leibesertüchtigung, d. h. physisch, und durch Nationalpädagogik, d. h. geistig und moralisch, „zu Kraft, Tapferkeit, Edelmut und erhöhter Wehrkraft" erzogen werden. Der paramilitärische Charakter der Organisation trat 1866 durch die Forderung nach Bewaffnung zum Kampf gegen Preußen deutlich hervor. Seine Gründer waren der Ästhetiker Dr. Miroslav *Tyrš* (1832–1884) und der Prager Kaufmann und Bankdirektor Heinrich *Fügner* (1822–1865), dessen Schwager der hohe österreichische Staatsbeamte und Historiker Josef Alexander *Helfert* war. Helfert beteiligte sich damals zusammen mit dem österreichischen Unterrichtsminister Graf Leo *Thun* in Wien an der Gründung und Leitung des tschechisch-sprachigen konservativ-gegenrevolutionären „Vídeňský deník" (Wiener Tagblatt 1850/51). In Wien entstand der erste Sokolverein bereits im Jahre 1866. 1910 gab es in Wien und Umgebung 15 Sokolvereine mit etwa 2800 Mitgliedern. Seit der Entwicklung der sozialdemokratischen Arbeiterturnvereine (*DTJ = Dělnická Tělocvičná Jednota*) um die Jahrhundertwende hatte Wien dann allerdings nur noch ein Drittel des Zuwachses der böhmischen und mährischen Vereine zu verzeichnen. Eine Konkurrenz bildeten bald auch die sogenannten „*Orel*"-*(Adler-)* Vereine, die gleichfalls auf der Basis des Sokolgedankens aufgebaut waren. Diese Organisation war 1895 von den tschechischen Katholiken in Amerika gegründet worden und breitete sich kurz vor der Jahrhundertwende über Mähren und Böhmen aus. Wien besaß erst seit 1909 eine tschechisch-katholische Orel-Anhängerschaft. Sokol, DTJ's und Orel waren damals noch die einzigen Institutionen, die auch Frauen (ihr Anteil war in Wien am

116

Sokolfest 1928
Massengymnastik auf dem Tschechischen-Herz-Platz

Die Mannschaft des langjährigen österreichischen Volleyballmeisters
DTJ-Vídeň

117

höchsten!) und Jugendliche für die nationale Arbeit anwarben. Die Hauptaufgabe des Sokol bestand in Wien – im Gegensatz zu den Kronländern – darin, den heranwachsenden Jugendlichen, vor allem den Handwerkslehrlingen, die tschechische Schule zu ersetzen. Es ist zu betonen, daß die Charakterbildung von den Mitgliedern höher eingeschätzt wurde als die Körpererziehung.

Als der Weltkrieg begann, verlor die Sokolbewegung einen Großteil ihrer jungen Turner, die zu den Waffen gerufen wurden. So waren es vor allem Frauen, deren Mitgliederzahl den ganzen Krieg hindurch relativ konstant blieb und die mit unermüdlichem Fleiß die Sokolfahne hochhielten.

Hervorzuheben ist der Beitrag, den die Sokolorganisation zur Errichtung des tschechoslowakischen Staates leistete. Mit Stolz meldete man, daß vor allem besonders viele Sokoln von der Österreichisch-Ungarischen Armee desertierten und in den sogenannten Tschechischen Legionen kämpften. Der Anteil der Legionäre aus den Reihen des Wiener Sokol war mindestens ebenso hoch wie der der Legionäre aus dem Mutterland. Welch tiefgreifende Folgen die Rückwanderungswelle für die Wiener Sokolorganisation haben sollte, darüber machte man sich im ersten Freudentaumel über die Staatsgründung keine Vorstellung. Die Vereine verloren vor allem ihre Führungspersönlichkeiten. Im Jahre 1921 stagnierte die Entwicklung des Wiener Sokol. Dies machte sich zunächst durch den Rückgang der Mitgliederzahl auf 1564 Männer und 568 Frauen bemerkbar. Die Organisation von Ausflügen konnte ungehindert stattfinden, wobei auch die Slowakei besucht wurde.

Im Jahre 1929 gründete der Sokol Wien XVI. die erste Skifahrersektion und veranstaltete noch im selben Jahr den ersten Skikurs in Bad Gastein. Von demselben Verein ging der erste Impuls zum Basketballspielen aus, und das zu einer Zeit, in der dieser Sport in Österreich noch in den Kinderschuhen steckte. Zu den vielen Sportarten, die im Sokol betrieben wurden, gehörten auch Fechten, Volleyball, Eishockey und Ballett. Im Herbst 1936 begannen die ersten Meisterschaften im Schachspielen.

Die Ereignisse vom Februar 1934 gingen am Wiener Sokol nicht spurlos vorüber. Zwar wurden die Vereine, zum Unterschied von den sozialdemokratischen DTJ's, nicht aufgelassen, aber dennoch in ihrer Tätigkeit beeinträchtigt. Die Chronik des Jahres 1936 verzeichnet die Anwesenheit des slowakischen Politikers Vavro Šrobár und das 30jährige Jubiläum der Gruppe Wien XX unter Mitwirkung des Sokol Preßburg mit einem Schauturnen. Ansonsten war es für den Sokol kein Jubeljahr – der Mitgliederstand sank zum ersten Mal nach langem unter die 2000er-Grenze. Die nationale Situation verschärfte sich. Ein trauriger Beweis sind die Ausschlüsse jener Mitglieder, die ihre Kinder in deutsche Schulen schickten.

Das Jahr 1936 stand außerdem unter dem Zeichen großer Fahrten in die Slowakei und in die Karpatoukraine, und schließlich reiste man auch zur Berliner Sommer-Olympiade.

Von 1938 an unterlag die Sokolarbeit einer strengen Zensur. Die Mitglieder der Wiener Gruppe, die offiziell „Sokolgau Ostmark" hieß, mußten bei ihrem Auftreten in Prag eine besonders bittere Pille schlucken. NS-Reichsstatthalter Josef Bürckel ließ die Wiener Tschechen nur unter der Bedingung reisen, daß sie im Festzug die Hakenkreuzfahne mittragen würden. Dies geschah. Die Gestapo bezeichnete den Sokol dennoch als „Sammelbecken des offenen und geheimen Widerstands gegen das Reich".

Bekannt ist, daß sich die Wiener Sokoln an Sabotageaktionen gegen das Hitler-Regime beteiligten. Im Herbst 1941 wurde der Sokol endgültig aufgelöst. Die Auflassung erfolgte in Wien um mehr als einen Monat später als im Protektorat Böhmen und Mähren.

Von den Auswirkungen des Zweiten Weltkrieges erholte sich die Sokolorganisation in Wien relativ rasch; dasselbe gilt für die Arbeiterturnvereine „DTJ" und für den „Orel", auch wenn sie schwerste Einbußen verkraften mußten. Von den im Jahr 1981 vorhandenen rund 30 Vereinen befaßten sich mehr als ein Drittel nur mit Sport und Tourismus, unter ihnen auch der „F.C. Slovan" (jetzt Slovan-H.A.C), der derzeit der Unterliga angehört.

Neben diesen nationalbetonten Vereinen muß schließlich noch jener Tschechen und Slowaken gedacht werden, die als einzelne im allgemeinen Sportwesen der Stadt zu Berühmtheit und Beliebtheit gelangt sind, wie etwa Leopold Štastný und Antonín Panenka, zuletzt aber auch jener zahllosen Wiener mit tschechischen Namen wie Matthias Sindelar, Horst Nemec und Herbert „Schneckerl" Prohaska.

20. Die böhmische Küche in Wien

Die böhmische Küche verdankt ihren Ruf mehreren Köchinnen, die im 19. Jahrhundert auf diesem Gebiet Bedeutendes geleistet haben. Am bekanntesten wurde Magdalena Dobromila Rettigová, die in den Jahren 1838–1840 das erste umfassende, für die damalige Zeit einzigartige tschechische Kochbuch zusammenstellte, das jahrzehntelang immer wieder aufgelegt wurde. Der ständig wachsende Zustrom böhmischer Dienstmädchen und Köchinnen nach Wien brachte viele neue Gerichte und Eßgewohnheiten jener „Zuagrasten" mit sich. Die Weltausstellung im Jahre 1873 war schließlich auch eine große kulinarische Schau. Aus Mähren kamen die Gänse, aus Südböhmen die Karpfen, aus Prag der warme Schinken, manchmal in Bierteig eingebacken, und die warmen Mehlspeisen. Olmütz lieferte die Quargeln, und die Slowakei bot den Brimsen für den „Liptauer". Daß aber auch sparsamst gekochte Gerichte schmecken können, bewiesen die „Arme-Leut"-Rezepte, die durch österreichische Autoren vielfach sogar in die Weltliteratur eingegangen sind, wobei die tschechischen Wörter beibehalten wurden und bis heute in Wien weiterverwendet werden. Hierzu ein paar Beispiele, der Einfachheit halber alphabetisch:

Agrasel (Agrassel), das, (č. angrešt) – Stachelbeere. In Heimito von Doderers „Die Dämonen": „das Entfernen von unerwünscht langen Stielen und einzelner Blättchen von den *Agrasseln,* dies alles dauert durch Stunden".

Bramburi, die (Plural) (č. brambor) – Kartoffeln. In Josef Weinhebers „Synonyma": „doch d'Bramburi wern / jetzt vornehm Kartoffeln und spreizen si gern".

Buchteln, die (Plural) (č. buchta) – eine Mehlspeise aus Germteig, oft mit Mohn oder Marmelade gefüllt und mit Vanillesauce serviert. In Fritz von Herzmanovsky-Orlandos „Gaulschreck im Rosennetz": „Mächtige Gugelhupfe gab's und Berge von Krapfen, *Buchteln* und Kletzenbrot, so daß das Schmatzen und Schnalzen kein Ende nahm."

Kolatsche (Golatsche), die (č. koláč) – kleiner gefüllter Germkuchen, ursprünglich rund, jetzt oft viereckig, bei dem alle vier Ecken der Kuchenfläche nach innen gebogen wurden. In Fritz von Herzmanovsky-Orlandos „Gaulschreck": „Und am End werden S'

noch als steinaltes Mandl da *Kolatschen* oder Planeten verkaufen."
Das Wort wird meist in Komposita verwendet: *Blätterteigkolat-*
sche, Powidlkolatsche, Topfenkolatsche.
Kren, der, (č. křen) – Meerrettich. In Joseph Roths „Die
Kapuzinergruft": „Ich dachte, sie würde einen Likör bestellen.
Aber sie wünschte sich freilich Würstel mit *Kren.*"
Krenfleisch, das – gekochtes Schweinefleisch vom Kopf oder
Bauch. In Arthur Schnitzlers „Leutnant Gustl": „Wart, mein
Lieber! Ich bin grad' gut aufgelegt... Dich hau ich zu *Kren-*
fleisch!"
Powidl, der, (č. povidla) – Pflaumenmus. Dazu (salopp): „*etwas ist*
jemandem Powidl" – etwas ist jemandem egal. In H. C. Artmann,
„med ana schwoazzn dintn": „es is do ee scho gaunz *bowil* / op s d
jezt auf fedan büslsd / oda zuadegta med / uawaschln". Auch hier
Komposita: *Powidlknödel; Powidlkolatsche; Powidltascherl* *-tatsch-*
kerl – flache, halbkreisförmige Mehlspeise aus Kartoffelteig, die
mit Powidl gefüllt ist und in Salzwasser gekocht wird. Bei Hans
Weigel, „O du mein Österreich", heißt es: „Gulyas will im Lokal
gegessen werden, doch Marillenknödel, Apfelstrudel, *Powidltatsch-*
kerln in privatem Zirkel." Besungen wurden die „Powidltatschkerln" auch in einem Schlager der fünfziger Jahre von Hermann
Leopoldi.
Skubanki (Skuwanki, Skubanken, Schkubanken), die, (Plural) (č.
škubánky) – Speise aus Kartoffeln, Mehl, Butter, die in Form von
Nockerln ausgestochen, mit zerlassener Butter übergossen und mit
Mohn bestreut wird. In früheren Zeiten mußte jede Braut noch
vor der Hochzeit ihre „Meisterprüfung" durch Zubereitung dieser
einfachen Speise ablegen.

Im kulinarischen Bereich ist der böhmisch-mährische, aber auch
slowakische Einfluß jedenfalls so groß, daß es heute kein Wiener
Kochbuch gibt, das nicht mehrere Spezialitäten dieser Gebiete
anempfehlen würde. Der *„Liptauer"* besteht aus Brimsen (slowakisch bryndza), einem Schafskäse, der nicht immer am Markt ist,
Butter, Zwiebeln, Sardellenfilets, Kapern, Salz, Pfeffer, Paprika,
Kümmel, Knoblauchzehen und Senf; er soll einige Stunden vor
Gebrauch zubereitet werden. *Liwanzen* (č. lívance) sind Germteig-
kuchen (auch böhmische Dalken genannt), die, mit Pflaumenmus
bestrichen und mit Zucker und Zimt bestreut, warm gegessen
werden. *Haluschka* (Haluska, tschechisch halušky) ist ein Kurz-
wort zu *Topfenhaluschka,* einer Speise aus einem Nudelteig, der in
Fleckerln geschnitten, in Salzwasser gekocht und dann mit Topfen
und Speckstückchen vermischt wird. Auch *Kuttelflecke* oder
Kuttelflecksuppe gehören zu den typischen Gerichten der böhmi-

schen Küche und tauchen langsam wieder auf den Speisekarten auf. Besonders beliebt ist diese Suppe aus Kaldaunen, d. h. aus eßbaren Eingeweidestücken, zum Gabelfrühstück.

Auch die Erdäpfelplatzke, in Fladenform aus Kartoffeln und Mehl, leiten sich vom Tschechischen ab. Und schließlich sind noch die *Klobasse* (Klobassi, tschechisch klobása) zu nennen: grobe gewürzte Bratwürste, die heiß an den Wiener Würstelständen verzehrt werden. Nichts mit dem Tschechischen zu tun haben die *Palatschinken* (rumänisch-ungarisch), meist Topfenpalatschinken: dünne Eierkuchen, die zusammengerollt und gefüllt werden. Das tschechische Wort palačinka ist aus dem Ungarischen übernommen worden. Analog gilt dies für die Ribiseln (tschechisch rybíz), Johannisbeeren, die aus dem Italienischen kommen. Keinesfalls tschechischer Abstammung sind auch die *Fisolen* (tschechisch fazole), grüne Bohnen; dieses Wort ist griechischer Herkunft.

Daß Liwanzen, Kolatschen und Budweiser Biersuppe heute fröhliche Wiederkehr feiern, davon zeugen die zahlreichen Wiener und böhmischen Kochbücher. Eine Zeitlang schien es, daß eine den Kohlehydraten abgeneigte Zeit ihnen ein Grablied singen würde. Gründe für das Wiederausgraben böhmischer Küchenschätze mag es mehrere geben, einer ist wohl auch die neuerliche Zuwanderung tschechischer und slowakischer Köche und Köchinnen und umgekehrt der Tourismus aus dem Westen in die Tschechoslowakei.

Ein Geschenk der böhmischen an die Wiener Küche:
Powidltatschkerln

Stätten des böhmischen Wien

1. Bezirk
Dr.-Karl-Lueger-Ring 2: Universität, Hauptgebäude. Im Arkaden-
gang Gedenkstätten für Eduard Albert, Carl Freiherr von Roki-
tansky und Josef Škoda. S. 80, Foto S. 81.
Dr.-Karl-Renner-Ring: Parlament. An der Rückseite des Pallas-
Athene-Brunnens Figurengruppe „Elbe und Moldau", S. 44–50,
Foto S. 51. Im Mosaikfries des Portikus Allegorien der böhmi-
schen Länder.
Graben: Pestsäule, an der Rückseite Wappen Böhmens, Mährens
sowie der Ober- und Niederlausitz, S. 76, Foto S. 77.
Herrengasse 12: Österreichisches Credit-Institut, ehemals Gebäude
der Živnostenská banka Praha, S. 58, Foto S. 59.
Salvatorgasse bei 12: Kirche Maria am Gestade. Der Hochaltar
nimmt mit seinen Statuen der Heiligen Wenzel und Johannes
Nepomuk auf die Bestimmung als böhmische Nationalkirche
Bezug (ihnen korrespondieren der niederösterreichische Landespa-
tron Leopold und der Begründer der Redemptoristen Alfons von
Liguori). S. 63, 65.
Petersplatz/Ecke Jungferngasse: Gedenktafel für Tomáš Garrigue
Masaryk, S. 48, Foto S. 49.
Volksgarten: Grillparzer-Denkmal, Relief „König Ottokars Glück
und Ende", S. 10, 89, Foto S. 9.
Wipplingerstraße 7/Judenplatz 11: Verfassungs- und Verwaltungs-
gerichtshof, ehemals Böhmische Hofkanzlei, S. 68, Foto S. 69.

3. Bezirk
Rennweg 63: Tschechische Kirche und Kloster der „Tröster von
Gethsemani" (CCG), S. 65 f., Foto S. 67.
Sebastianplatz 3: Volksschule und Kindergarten des Schulvereins
Komenský, S. 22–26, Foto S. 23.

4. Bezirk
Karlsplatz: Denkmal für Joseph Ressel und Büste für Franz Anton
Gerstner vor der Technischen Universität, S. 84, Foto S. 85.
Kreuzherrengasse 1: Pfarramt St. Karl und Konvent des Ritterli-
chen Kreuzherrenordens mit dem roten Stern (OCr.c.r.st.), S. 78.

Wiedner Hauptstraße 7: Ehemals Hotel „Goldenes Lamm", Gedenktafel für Antonín Dvořák: „Hier wohnte der tschechische Meister Antonin Dvořak Weltbürger der Musik", S. 92–94, Foto S. 93.

5. Bezirk
Margaretenplatz 7: Sitz der Tschechoslowakischen Sozialistischen Partei (Inschrift), S. 34 f.

6. Bezirk
Münzwardeing. 2, Theaterbrett-Compagnie-Brettschneider, S. 89.

8. Bezirk
Alser Straße 17: Pfarrkirche Alservorstadt. Hier wurde Božena Němcová getauft. S. 97.

10. Bezirk
Ada-Christen-Gasse 2 (Haus der Begegnung/Hanssonzentrum): Bezirksmuseum Favoriten. Verschiedene Exponate, die Tschechen in Favoriten betreffend. Geöffnet Donnerstag, 17–20 Uhr (Sommerpause).
Laaer Wald: Böhmischer Prater, S. 112.
Quellenstraße 72: Ehemalige (erste) Komenský-Schule, S. 22, Foto S. 23 oben.

11. Bezirk
Gedenkstätte für die tschechischen und slowakischen Opfer des Faschismus, Gruppe 41; Grabstätte des Afrikaforschers Emil Holub, Gruppe 14A, S. 82; Foto S. 83; Grabstätte von Luegers Diener Anton Pumera, Gruppe 15E, S. 30, Foto S. 31.

13. Bezirk
Am Platz: Bezirksmuseum Hietzing, Gedenkräume und Sammlungen des Afrikaforschers Emil Holub, S. 82, Foto S. 83.

15. Bezirk
Turnergasse 15: Národní dům, Verbandszentrum der pragfreundlichen Wiener Tschechen und Slowaken, S. 40 f.

Bibliographie

Brousek Karl Maria, Die Wiener Tschechen zwischen den beiden Weltkriegen, unter besonderer Berücksichtigung des Turnvereins „Sokol". Masch. phil. Diss. (Wien 1977)
Ders., Wien und seine Tschechen. Integration und Assimilation einer Minderheit im 20. Jahrhundert (Wien 1980)
Ctyroky Wilfried, Die Herkunft der Siedlungsnamen auf dem Boden Wiens. Masch. phil. Diss. (Wien 1952)
Duden. Wie sagt man in Österreich? Wörterbuch der österreichischen Besonderheiten = Duden-Taschenbücher, Bd. 8, Hg. Jakob Ebner (Mannheim/Wien/Zürich 1969)
Dunaj. Menšinová revue (Donau. Minderheiten-Revue), (Wien 1923–1941)
Fischer Gero, Die Sprache der Wiener Tschechen seit 1945. Masch. phil. Diss. (Wien 1967)
Glettler Monika, Sokol und Arbeiterturnvereine der Wiener Tschechen bis 1914. Zur Entwicklungsgeschichte der nationalen Bewegung in beiden Organisationen (München 1970)
Dies., Die Wiener Tschechen um 1900. Strukturanalyse einer nationalen Minderheit in der Großstadt (München/Wien 1972)
Goertz Hartmann, Alte Wiener Lieder. Immergrüne Melodien mit Noten, Texten und Bildern (München, o. J.)
John Michael, Hausherrenmacht und Mieterelend 1890–1923. Wohnverhältnisse und Wohnerfahrung der Unterschichten in Wien 1890–1923 (Wien 1982)
Luft Rüdiger, Die Tätigkeit der tschechischen Abgeordneten im Wiener Reichsrat im letzten Jahrzehnt vor dem Ersten Weltkrieg. Ungedr. Staatsexamen-Hausarbeit (Mainz 1980)
Machát Antonín, Naši ve Vídni (Unsere Leute in Wien), (Prag 1946)
Mais Adolf, Das tschechische Erbe Wiens. In: Die österreichische Nation, 13. Jg., Heft 4, April 1961, S. 59 ff.
Matal Karl, Die Wiener Tschechen 1918–1978. In: Die Volksgruppen in Österreich = Integratio XI/XII (Wien 1979)
Ders., Die Wiener Tschechen und Slowaken im Wandel der Jahrhunderte. Ein Beitrag zur Völkerverständigung. In: Ethnische Gruppen in der Bundeshauptstadt Wien = Integratio XV (1981), S. 89–114 (Wien 1982)

Neuber Wolf, Die k.u.k. Wiener Küche. Rezepte aus der guten alten Zeit (Wien/München/Zürich 1975)
Neumann Johann, Tschechische Familiennamen in Wien. Eine namenskundliche Dokumentation (Wien 1972)
Schwarzenberg Karl Fürst, Die Sankt-Wenzels-Krone und die böhmischen Insignien (2. Aufl., Wien/München 1982)
Slezak Leo, Mein Lebensmärchen (München 1966)
Soukup František Alois, Česká menšina v Rakousku (Die tschechische Minderheit in Österreich), (Prag 1928)
Suppan Arnold, Die österreichischen Volksgruppen. Tendenzen ihrer gesellschaftlichen Entwicklung im 20. Jahrhundert (Wien 1983)

Bildnachweis

Bezirksmuseum Favoriten (Foto Wolfgang Schmidt), S. 15, 23 oben, 37 oben, 91, 117.
Bildarchiv der Österreichischen Nationalbibliothek, Wien, S. 11, 13, 19, 31, 37, 47, 59, 60, 71, 81, 83, 85, 87, 95, 99.
DTJ Videň, S. 117 unten.
Ernst *Hausknost,* Wien, S. 107.
Historisches Museum (Museen der Stadt Wien) S. 51, 69, 73.
Schulverein *Komenský,* Wien, S. 23 unten.
Kunsthistorisches Museum, Wien, S. 75.
Souveräner *Malteser Ritterorden,* Großpriorat von Böhmen (Fürstgroßprior Frà Carl Paar), S. 79.
Historisches Archiv der Wiener *Philharmoniker,* Wien, S. 93.
Johannes *Pötsch,* Wien, S. 9, 49, 64, 67.
Wiener *Stadt- und Landesbibliothek,* S. 39.
Evelyn *Tambour,* Wien, S. 123.

REIHE
WIEN INTERNATIONAL

Jakub Forst-Battaglia
Polnisches Wien

Heinz Gstrein
Jüdisches Wien

Rubina Möhring
Türkisches Wien

REIHE
DIE KRONEN DES HAUSES ÖSTERREICH

Karl Fürst Schwarzenberg
Die Sankt-Wenzels-Krone
und die böhmischen Insignien

HEROLD WIEN · MÜNCHEN